AF279525

Christoph-Maria Liegener

Die weiblich werdende Welt

Zehnte Auflage

Verlag:
BoD · Books on Demand GmbH,
Überseering 33, 22297 Hamburg,
bod@bod.de
Druck:
Libri Plureos GmbH, Friedensallee 273,
22763 Hamburg
Cover-Bild: Shutterstock

ISBN:
978-3-8192-9638-3

„Das ewig Weibliche zieht uns
hinan."

Goethe, Faust II

Inhalt

Vorworte

Vorwort zur zehnten Auflage

Die neue Auflage ist nötig geworden, weil sich in der Weltpolitik Dinge ereignet haben, die in den Zusammenhang mit der Theorie der weiblich werdenden Welt eingeordnet werden müssen.

Vorwort zur achten und neunten Auflage

Weitere kleine Änderungen sind vorgenommen worden, die die Aussagen noch klarer machen.

Vorwort zur siebten Auflage

Es sind noch einige kleinere Erweiterungen vorgenommen worden und ein weiteres Kapitel wurde angefügt.

Vorwort zur fünften Auflage

Das Büchlein war ursprünglich als leicht verständliche Einführung in meine Theorie von der weiblich werdenden Welt gedacht. Diese war bis zum Zeitpunkt der ersten Auflage des Buches in verschiedenen Veröffentlichungen verstreut zu finden gewesen[1].

---

[1] Christoph-Maria Liegener, Warum die Welt weiblich wird. Ein Psychogramm der Menschheit. Einbuch Buch- und Literaturverlag, Leipzig (2017).

Christoph-Maria Liegener, Kollektivpsychologische Ursachen des Populismus. Grin-Verlag, München (2017).

Christoph-Maria Liegener, Der Verlust des Jenseits. Symptome der Transgenderisierung der Menschheit. Grin-Verlag, München (2017).

Christoph-Maria Liegener, Der Untergang der mykenischen Kultur. Grin-Verlag, München (2018).

Christoph-Maria Liegener, Machtlos gegen den Klimawandel. Books on Demand, Norderstedt (2019).

Christoph-Maria Liegener, Weihnachten für alle. Vorbote einer weiblich werdenden Welt. Books on Demand, Norderstedt (2019)

Im Verlauf der ersten vier Auflagen dieses zusammenfassenden Werkes haben sich jedoch neue Erkenntnisse ergeben, die den Charakter des Buches verändert haben. Nunmehr erzählt das Buch auch von weiteren Transgenderisierungen der Menschheit und von einer daraus folgenden Perspektive für unsere Gesellschaftsform. Insbesondere wurde das Literaturverzeichnis erweitert und ein Kapitel über die Beziehungen zum Historischen Materialismus kam hinzu.

Man möge mir gestatten, an dieser Stelle aus dem Inhalt des Buches bereits vorwegzunehmen, dass die Aussichten für die

---

Christoph-Maria Liegener, Die Transgenderisierungen der Menschheit. Books on Demand, Norderstedt (2020).

Christoph-Maria Liegener, Rückkehr zum Urvertrauen. Die Frage nach Gott in der weiblich werdenden Welt. Books on Demand, Norderstedt (2020).

Christoph-Maria Liegener, Corona in der weiblich werdenden Welt. Books on Demand, Norderstedt (2021)

Menschheit ausgesprochen gut sind. In gar nicht allzu ferner Zukunft ist eine paradiesische Gesellschaftsform für die Menschheit zu erwarten. Dann wird es keine Kriege mehr geben und keine Konkurrenz. Immerwährender Frieden ist zu erwarten. Diese zukünftige Gesellschaftsform gleicht der des Kommunismus, aber ohne die kämpferische Komponente, die Marx noch für notwendig erachtet hatte. Der Wandel zu diesem Zustand wird vonstattengehen – auch wenn bei seiner Erreichung vorübergehend Irrwege eingeschlagen werden könnten.

Da erhebt sich die Frage, warum ich dann das Buch schreibe, wenn es doch keinen Aufruf zu irgendeiner koordinierten Aktivität geben soll. Die Antwort ist: Das Buch soll Hoffnung machen, einen Hoffnungsschimmer in diese manchmal so trostlos erscheinenden Welt bringen. Es handelt sich um die begründete Hoffnung, dass die Zukunft besser wird.

Wenn es gelänge, meinen Lesern diese Hoffnung zu vermitteln, wäre ich dankbar.

Danken möchte ich auch meiner Familie
für die fortwährende Unterstützung.

Dr. Dr. Christoph-Maria Liegener

Die kollektive Psyche der Menschheit

Bsss … Klatsch … Klirr! … Bsss

Eine Fliege schwirrt durch den Raum. Ich versuche, sie zu klatschen, treffe aber nur die Vase. Diese geht zu Bruch und die Fliege schwirrt munter weiter.

So ging es mir letzten Sommer. Die Hitze drückte und ich jagte hektisch einem dicken Brummer hinterher. Immer weiter. Im Eifer des Gefechts muss ich das halbe Wohnzimmer zerlegt haben, ohne es zu merken. Das ist das Jagdfieber. Der Vorgang erregte natürlich den Unmut meiner Frau. In einem Versuch, mich zu verteidigen, stammelte ich etwas davon, dass dieses Jagdverhalten doch eigentlich nur menschlich sei. Die Situation käme sogar so häufig vor, dass sie schon von großen Komikern wie Wilhelm Busch und Loriot thematisiert worden sei. Der trockene Kommentar meiner Frau: „Alles Männer." Da hatte sie wieder einmal Recht. Alle karikierten Fliegenjäger waren Männer. Das Verhalten konnte nicht als allgemein menschlich eingeordnet werden, sondern eben nur als typisch männlich. Es handelt sich um Instinkte, Jagdtriebe, die sich vor Urzeiten bei den Männern entwickelt hatten, nicht aber bei den Frauen, die derweil in den Höhlen saßen. Nicht zum ersten Mal hatte meine Frau mit einer derartigen Bemerkung über Männer Recht. Immer wieder stellten sich meine größten Dummheiten als instinktgesteuert und typisch männlich heraus.

„Soll das hier jetzt ein feministischer Text werden?", werden manche fragen. Die Antwort ist: „Ja", soweit mit Feminismus der Widerstand gegen die Diskriminierung der Frau bezeichnet wird. Schließlich geht es in diesem Buch um unsere gemeinsame Welt, darum, dass die Gleichberechtigung von Frau und Mann noch nicht erreicht ist, aber irgendwann erreicht sein muss und tatsächlich auch wird. „Nein" lautet die Antwort jedoch, wenn mit Feminismus Feindseligkeit gegen Männer gemeint ist oder die Leugnung der Unterschiede zwischen Frau und Mann propagiert werden soll. Ich persönlich bin sehr glücklich, dass es Unterschiede zwischen Frauen und Männern gibt. So können sie sich lieben und in ihren Eigenschaften ergänzen. Auch Frauen sehen das so (Shapiro, 1992, Bischof-Köhler, 2002, Pease & Pease, 2002, 2011, 2012, 2020, Pinker, 2008, Brizendine, 2008, 2011, Imdahl & Steeger, 2022, Birkenbihl, 2023). Allerdings nicht alle. Unter denen, die die Geschlechterunterschiede leugnen, gibt es einige, die felsenfest von dieser ihrer Meinung überzeugt sind. Denen möchte ich sagen: Wenn Ihre Überzeugung auf Fakten gegründet ist, so lesen Sie ruhig weiter. Es könnte sein, dass wir uns am Ende doch verstehen. Wenn allerdings Ihre Überzeugung ein Dogma ist, ein in Stein gemeißelter, nicht zu hinterfragender Glaubensgrundsatz, den sie gar nicht erst diskutieren möchten, so empfehle ich Ihnen, die Lektüre dieses Buches jetzt bitte zu beenden. Andernfalls bestünde die Gefahr, dass Sie sich später über mich ärgern. Das wäre nun überhaupt nicht meine Absicht und ich möchte es vermeiden.

Was sich liebt, das neckt sich. Es ist erlaubt, die kleinen Schwächen des jeweils anderen Geschlechts aufs Korn zu nehmen. Ich habe hier einfach mal mit den männlichen Schwächen begonnen.

Die Schwächen der Männer wurden schon erwähnt. Aber es ist ja nicht so, dass Frauen nicht auch ihre liebenswerten Schrullen hätten, nur sind sie selten destruktiv. Schuhe zu kaufen hat noch niemandem geschadet, das männliche Imponiergehabe aber bedroht inzwischen die Existenz der Menschheit. Das werde ich noch genauer ausführen und auch begründen, warum trotzdem Grund zur Hoffnung besteht.

Um zu dieser Hoffnung zu gelangen, musste ich die Entwicklung der Menschheit als Ganzes in ihrer Geschichte und im Hinblick auf ihre Zukunft betrachten. Ich habe das getan und bin darauf gestoßen, dass sich der Charakter der Menschheit im Lauf der Geschichte mehrfach gewandelt hat und derzeit wieder wandelt. Mit dem „Charakter der Menschheit" ist hier die kollektive Psyche der Menschheit gemeint, noch genauer und fast synonym dazu spricht man nach C.G. Jung vom kollektiven Unbewussten. Es ist der „Teil der Psyche, der von einem persönlichen Unbewussten dadurch negativ unterschieden werden kann, dass er seine Existenz nicht persönlicher Erfahrung verdankt und daher keine persönliche Erwerbung ist" (Jung, Jung-Werker, & Rüf, 1995). Vielmehr ist jener Teil der Psyche in den kollektiven Erfahrungen der Menschheit verankert. Diese Strukturen werden sowohl vererbt, genetisch und epigenetisch, als auch erlernt.

Ganz konkret: In den letzten Jahrhunderten wandelte sich das kollektive Unbewusste von „männlich" zu „weiblich". Das wäre durchaus positiv zu werten, wenn, wie zu zeigen wäre, das „Männliche" das Destruktive ist.

Die Welt wird weiblich! Das spricht sich immer mehr herum (Kowalski, 2002, Huber, Almasy, & Gatterer, 2012, Gerzema & D'Antonio, 2013, Sadigh, 2015). Das ist neu, wenn man in historischen Dimensionen denkt. Noch im Mittelalter wurde die Frau als minderwertig empfunden. Vinzenz de Beauvais schreibt dazu im 13. Jahrhundert:

„Omnia mala ex mulieribus.“

„Alles Böse geht von den Frauen aus.“

Das war pure Misogynie und sie war damals weitverbreitet. Da hat sich in der Meinung über Frauen bis heute schon einiges verändert. Heute werden Frauen allgemein als gleichberechtigt angesehen. Das ist zumindest das Juristische und es ist das Minimum. Es gibt nämlich eine darüber hinaus gehende Entwicklung. Frauen werden inzwischen zuweilen sogar höher geschätzt als Männer.

Gerade das weibliche Denken wird immer mehr gewürdigt und es wird von den Menschen als förderlich für die Welt empfunden (Gerzema & D'Antonio, 2013, Liegener C.-M., 2022). Es äußert sich schon darin, dass immer mehr Frauen in verantwortliche Positionen aufrücken, die früher nur Männern vorbehalten waren.

Das Weiblich-Werden der Welt hat einen Grund, der in der Psychologie des Kollektivs der Menschheit liegt. Dieses Weiblich-Werden der Welt wurde inzwischen als der einzige Weg zur Rettung der Menschheit erkannt (Liegener, 2017). Inzwischen ist das Phänomen durch weitere Untersuchungen bestätigt worden (Imdahl & Steeger, 2022). Gute Nachrichten für alle Frauen: Endlich werden sie richtig verstanden werden. Wurde auch Zeit!

Aber wie genau ist das gemeint?

Und:

„Warum habe ich noch nichts davon gemerkt?", mag manche Frau sich fragen.

Wir wollen versuchen, uns einer Antwort anzunähern. Die Antwort auf die letzte Frage zuerst: Der Prozess, um den es hier geht, ist sehr langfristig. Er zieht sich über Jahrhunderte hin. In einer Lebensspanne kann man das Glück haben, einen Fortschritt mitzuerleben, aber möglicherweise auch das Pech, einen zeitweiligen Rückschlag erdulden zu müssen. Es ist wie mit der Erdoberfläche: Lokal sieht man ihr nicht an, dass die Erde eine Kugel ist. Man muss das Ganze im Auge behalten. Um dieses Ganze soll es hier gehen.

Auf den ersten Blick fällt auf, dass immer mehr Frauen in Männerdomänen eindringen und auch immer mehr Machtpositionen erringen. Außerdem darf man wie gesagt nicht übersehen, dass die Tatsache, dass Frauen und Männer vor dem Gesetz gleichberechtigt sind, noch vor ein paar hundert Jahren als unvorstellbar galt und manche Frauenrechte erst im letzten Jahrhundert erkämpft wurden.

Die Charakterzüge, die sich im Verhalten der kollektiven Psyche der Menschheit zeigen, werden zunehmend weiblich. Gerade in den letzten Jahrzehnten hat sich dieses Weiblich-Werden in einem Wertewandel bemerkbar gemacht, auf den Inglehart in den 70er Jahren aufmerksam gemacht hat. Es handelt sich um eine Verschiebung von männlichen zu weiblichen Werten. Dazu später mehr.

Wie die Kategorien „weiblich" und „männlich" in die Welt kamen, war den Menschen lange ein Rätsel, auf das sie die verschiedensten Antworten fanden. In der Bibel wird erzählt, dass Gott Eva aus einer Rippe Adams schuf. Plato ersann den Mythos von den Kugelmenschen, die die Götter herausforderten und zur Strafe geteilt wurden: in einen weiblichen und einen männlichen Teil, die seither versuchen, sich wieder zu vereinigen.

Die Biologie sagt uns, dass es die Kategorien „weiblich" und „männlich" seit 600 Millionen Jahren gibt. Damals entwickelte sich die Meiose, jene Zellteilung, bei der zwei Elternteile mit verschiedenem Geschlecht – weiblich und männlich – zusammenkommen, deren Chromosomensatz vorher jeweils halbiert wurde, um dann mit dem anderen halbierten Chromosomensatz zu einem neuen Ganzen kombiniert zu werden. Dies war die Geburtsstunde der Sexualität. Erst dadurch konnte sich die gigantische Vielfalt von Lebensformen entwickeln, die letztlich zur Entstehung der Menschheit führte.

Seither gibt es weibliche und männliche Lebewesen. Frau und Mann unterscheiden sich in vielem – bei den Tieren wie auch bei den Menschen. Und das nicht nur äußerlich, sondern auch neurologisch (Ingarhalikar et al., 2014). Bei Frauen sind die Nervenverbindungen zwischen den beiden Hirnhälften besser ausgeprägt als bei Männern, bei Männern funktioniert die Nervenkommunikation innerhalb der Hirnhälften besser als bei Frauen. Das äußert sich bei Tests zum Beispiel darin, dass Frauen über bessere Sprachfähigkeiten verfügten, während Männer sich bei visuell-räumlichen Aufgaben als stärker herausstellten (Nisbett, et al., 2012).

Zu Unterschieden in der Intelligenz gibt es die berühmte „Male Idiot Theory", die allerdings nicht besagt, dass alle Männer Idioten sind, sondern nur, dass (fast) alle Idioten Männer sind (Lendrem, Lendrem, Gray, & Isaacs, 2014). Die Erklärung: Die Gaußschen Glockenkurven, die die Häufigkeiten der verschiedenen Intelligenzquotienten darstellen, haben bei Frauen und Männern annähernd den gleichen Mittelpunkt, gestalten sich aber bei Männern flacher. Das heißt: Frauen und Männer sind im Durchschnitt ungefähr gleich intelligent, aber bei Männern gibt es mehr Ausreißer nach oben und unten, also mehr Idioten und mehr Genies.

Es gibt viele weitere Unterschiede zwischen Frauen und Männer, die im Folgenden noch erwähnt werden sollen. Bei all dem konnte es nicht ausbleiben, dass Frauen und Männer sich mit ihrer Geschlechtsrolle identifizierten und charakteristische Verhaltensweisen entwickelten – jedenfalls mehrheitlich.

Dazu bemerken Voland und Johow in ihrem Bericht (Voland & Johow, 2012):

„Geschlechtsdifferenz ist so gesehen ein fester Bestandteil der menschlichen Natur. Kulturelle Kontexte spielen mit dieser Differenz und legen sie unterschiedlich aus, aber entgegen eines weit verbreiteten Missverständnisses konstruieren Kulturen nicht diese Differenz."

Jeder hat schon solche geschlechtsspezifischen Verhaltensweisen wahrgenommen. Ein Beispiel ist das Ausziehen eines Pullovers: Frauen überkreuzen dabei die Arme vor der Brust, Männer halten sie parallel. Ein weiteres Beispiel: Frauen drücken eine Zahnpastatube in der Mitte, Männer am Ende (Kishon, 1989, S. 219-222). Die Literatur ist voll von weiteren Beispielen (Gray, 1992, Evatt & Zybak, 2005, Pease & Pease, 2002, 2011, 2012, 2020). Diese Verhaltensweisen ließen sich nach Belieben erklären: Beim überkreuzten Ausziehen wollen die Frauen wohl ihre Brust verdecken. Beim Drücken der Zahnpastatube scheinen Frauen spontan zu handeln, Männer aber planvoll. Letztere Differenz könnte wiederum ihre Wurzeln in der Altsteinzeit haben, als die Männer bei der Jagd geplant vorgehen mussten, während die Frauen in der Höhle spontan das taten, was erledigt werden musste. Dazu würde auch passen, dass Männer effizienter dabei sind, ihre Koffer zu packen, es aber gern ihren Frauen überlassen (Global Traveller, 2015). Folgende Interpretation liegt nahe (ohne Gewähr): Männer können besser planen, sind aber zu faul dafür.

Nicht alle mögen diese Unterscheidungen. In der Vergangenheit, besonders um die Mitte des 20. Jahrhunderts, hatten sich durch den Behaviorismus Vorstellungen verbreitet, die zu der Behauptung führten, dass die Unterschiede zwischen Frauen und Männern anerzogen und daher nichtssagend seien. Diese Behauptungen waren falsch (Birkenbihl, 2023).

In der Hinsicht ist allerdings einzuräumen, dass die Gesellschaft die Unterschiede wohl aufgearbeitet und institutionalisiert hat. Vorhanden waren sie aber schon vorher. Das erschließt sich daraus, dass geschlechtsspezifische Unterschiede in den Verhaltensweisen auch bei anderen Primaten als den Menschen auftreten und dort beobachtet werden können, z.B. bei Rhesus-Affen (Hassett, Siebert, & Wallen, 2008, Kahlenberg & Wrangham, 2010). Es gibt die geschlechtsspezifischen Verhaltensweisen also nicht nur beim Menschen, sondern auch bei verwandten Spezies und auch bei unseren Vorfahren im Tierreich.

Ursächlich für die Unterschiede dürften heute in großem Maße die Sexualhormone sein. Um das zu belegen, wurden neugeborenen Ratten die Geschlechtsorgane entfernt und sie dann mit entweder männlichen oder weiblichen Sexualhormonen behandelt. Es zeigte sich, dass sich dementsprechend typisch männliche oder weibliche Merkmale im Gehirn ausbildeten, unabhängig davon, welches Geschlecht die Tiere vor der Behandlung hatten (Gorski, Gordon, Shryne, & Southam, 1978).

Die Gesellschaft hat diese vorhandenen Geschlechtsdifferenzen beobachtet und vertieft. Sie führten zu geschlechtsspezifischen Tätigkeiten. Wickler und Seibt schreiben dazu: „Falls die kulturellen Rollenzuweisungen auf geschlechtsspezifische Eignungen Rücksicht nehmen, sollte man Übereinstimmungen zwischen Eignung und Rolle erwarten. Solche Übereinstimmungen findet man tatsächlich: Von Frauen erwartet man mehr soziale und altruistische Betätigung (zum Beispiel in der Kinder- und Krankenfürsorge) als vom Mann. Ihm obliegen Jagd und Verteidigung der Gruppe." (Wickler & Seibt, 1998, S 248)

Die durch die Sexualhormone gesteuerte Ausbildung weiblicher und männlicher Eigenschaften ist wiederum durch die

Rollenverteilung in der Natur bedingt und hat sich evolutionär entwickelt. Die Rollenverteilung wiederum hat sich in der Natur aus den geschlechtsspezifischen Gegebenheiten entwickelt, ein Prozess der sich nicht nur beim Menschen findet. Ein Mechanismus beruht auf der parentalen Investition der Geschlechtspartner, ein Begriff, der von Bischof-Köhler geprägt wurde (Bischof-Köhler, 2002). In der Natur ist derjenige Sexualpartner, der mehr in die Fortpflanzung investiert als der oder die andere, kritischer in der Partnerwahl und kümmert sich mehr um den Nachwuchs. Bei den Menschen ist das die Frau, bedingt durch die lange Schwangerschaft und die Pflege der Kinder. Der potentielle Partner, bei den Menschen der Mann, hingegen muss sich intensiv bemühen, möglichst viele Partnerinnen für seine Fortpflanzung zu gewinnen und reagiert daher aggresiv auf Konkurrenten. Daraus folgt: Die Frau ist im allgemeinen fürsorglich, der Mann kämpferisch. So lassen sich viele Eigenschaften von Frauen und Männern erklären (Bischof-Köhler, 2002).

Auch die geschlechtsspezifische Sozialisation trägt sicher zu den heute vorhandenen Geschlechtsdifferenzen bei. Die geschlechtsspezifische Sozialisation zu ändern, wäre nicht unbedingt sinnvoll, da sie an die Geschlechtsdifferenzen angepasst ist, was jedoch nicht heißt, dass man sie nicht trotzdem im Prinzip ändern könnte. Wenn es dazu käme, hieße das, dass manche von den Unterschieden im Lauf der kommenden Jahrhunderte vermindert werden würden, jedoch nicht gänzlich verschwinden würden. Eine Verminderung der Geschlechtsdifferenzen hätte indes keinen Einfluss auf das Ergebnis der vorliegenden Theorie von der weiblich werdenden Welt. Wenn es überhaupt einen Einfluss gibt, dann nur im Hinblick auf die Vorhersagen für die fernere Zukunft. In der Tat ist das nicht zu befürchten, da viele Verhaltensweisen biologisch begründet sind und uns wohl vorläufig erhalten bleiben werden. Man denke nur an den Umgang mit der Geburt. Es wird sich wohl nicht so bald etwas daran ändern, wer die Babys gebiert.

Im Großen und Ganzen werden uns die geschlechtsspezifischen Charakteristika wohl erhalten bleiben. Dabei gilt wie immer: Einzelne Personen können immer von den pauschalen Charakterisierungen abweichen und empfinden diese dann als Vorurteil. Das ist nun einmal die Eigenschaft statistischer Aussagen. Sie dürfen nicht auf den Einzelfall angewendet werden.

Die geschlechtsspezifischen Unterschiede sind also gegeben. Überbewerten sollte man sie allerdings auch nicht. Natürlich sind die Gemeinsamkeiten zwischen Frauen und Männern größer als die Unterschiede zwischen ihnen. Wir sind alle Menschen. Aber wir Menschen unterscheiden uns eben alle geringfügig voneinander, und wenn die Unterschiede auch noch so klein sein mögen.

Das allgemein Menschliche kann das Spezifische zuweilen überlagern. Manchmal beobachtet man bei Frauen und Männern gleiche Verhaltensweisen, die durch geschlechtsspezifisch verschiedene Ursachen hervorgerufen werden. Dann scheinen sie sich zu gleichen, obwohl sie verschieden sind. Als Beispiel mögen zwei Situationen dienen. Die erste: Eine Frau macht sich zurecht und teilt ihrem Mann mit: „Bin gleich fertig". Die andere Situation: Ein Mann trinkt nach der Arbeit mit seinen Kollegen noch ein Bier, ruft seine Frau an und sagt: „Bin gleich zu Hause". Zwei unterschiedliche Situationen mit dem dennoch gleichen Ergebnis – in beiden Fällen dauert es länger als angekündigt. Die Interessen sind geschlechtsspezifisch verschieden, aber das resultierende Verhalten ist gleich. Die Unterschiede bleiben.

Auszuschließen ist nicht, dass Änderungen im Verhalten der Menschen mit der Zeit zu einer Angleichung der Unterschiede führen könnten, so dass die hier präsentierte Theorie in hundert Jahren eventuell anders formuliert werden müsste. Wie schon erwähnt, wollen manche Autoren die Unterschiede zwischen Mann und Frau beseitigen. Selbst das ist eine Erscheinung der weiblich werdenden Welt. Frauen sind sozialer, Männer polarisieren (Christov-

Moore L. , et al., 2014). So sehen Frauen eher das Gemeinsame in Frauen und Männern, während Männer mehr auf die Unterschiede fokussiert sind. Ersteres führt zu einer Angleichung der Geschlechter, Letzteres zu einer Differenzierung.

Wenn die Leugnung der Geschlechtsdifferenz auch weit hergeholt scheint, so ist sie doch vordergründig verständlich. Der Grund dürfte sein, dass Frauen in der Vergangenheit benachteiligt wurden. Man hofft also: Wo kein Unterschied, da gibt es auch keine Benachteiligung. Wie schade um die liebenswerten kleinen Unterschiede zwischen Frau und Mann! Verhält es sich nicht wie mit den Dialekten in der Sprache? Sie verleihen doch eine Art Identität! Mancher verliebt sich sogar in seinen Partner aufgrund seines Dialekts.

Sicher, manche Dialekte führten in der Vergangenheit zu Diskriminierung und auch Frauen wurden früher diskriminiert, aber heute gibt es Gesetze dagegen. Heute lächelt man, wenn man sich bei einer typisch weiblichen oder typisch männlichen Verhaltensweise ertappt.

Wenn schließlich aber die Benachteiligung mit der Zeit verschwindet – und davon bin ich überzeugt –, wäre es doch ein Zeichen von Selbstbewusstsein, als Frau zu einer vom Mann verschiedenen Identität zu stehen und stolz darauf zu sein. Die menschliche Vielfalt bleibt dadurch reicher. Imdahl und Steeger schreiben dazu (Imdahl & Steeger, 2022, S.23): „Wozu brauchen wir aber Diversität, wenn Frauen wie Männer sein sollen, um mitzuspielen und mitzuentscheiden? Dann könnten wir doch wirklich auch alles beim Alten lassen. Wir brauchen aber das weibliche Prinzip, nicht etwa, um die Männer klein zu machen, sondern weil wir mit dem Weiblichen und Männlichen zusammen doppelt so weit kommen. Denn sich ähnliche Menschen haben viele, aber eben auch sich selbst ähnelnde Ideen und Lösungsansätze. Andersartige Menschen haben viel mehr und viel, wirklich viel, viel mehr Vielfalt in den Ideen, die uns weiterbringen."

Man kann also davon ausgehen, dass Unterschiede zwischen Frauen und Männern vorhanden sind. Sind Frauen nur die besseren Männer – oder aber vielleicht doch noch mehr? Wer würde sich anmaßen können, das Wesen der Frauen zu verstehen? Einstein schrieb dazu:

„Manche Männer bemühen sich lebenslang, das Wesen der Frau zu verstehen. Andere befassen sich mit weniger schwierigen Dingen wie zum Beispiel der Relativitätstheorie."

Wie sich die Verhaltensunterschiede zwischen Mann und Frau herausgebildet haben, ist eigentlich hier nicht relevant. Sie könnten sich durch geschlechtsspezifische Selektion herausgebildet haben (Lindenfors, 2005). Auch epigenetische Ursachen sind möglich (McCarthy, 2009). Jedenfalls existieren die Unterschiede offenbar in erheblichem Umfang seit langer Zeit. Sie wurden zum Beispiel schon in der Dualität von Yin und Yang beschrieben. Möglicherweise beeinflussen sie unbemerkt das Schicksal der Menschheit. Sie sind derzeit jedenfalls vorhanden und durch die Archetypen von Frau und Mann fest im kollektiven Unbewussten der Menschheit verankert. Damit können sie als Ausgangspunkt der Wandlung der kollektiven Psyche der Menschheit dienen.

Wenn eine Frau etwas typisch Weibliches tut – z. B. sich zu schminken –, dann erkennen wir dies als weibliche Verhaltensweise und können diese als solche verstehen. Dieses weibliche Verhalten kann unter Umständen auch von einem Mann praktiziert werden. In dem Fall sind wir vielleicht ein wenig überrascht, akzeptieren es aber auch. Das weibliche Verhalten ist nicht an das biologische Geschlecht gebunden. Man spricht bei der Geschlechterrolle, wie sie sich im Verhalten, nicht aber in der Physis äußert, vom Gender. Das Gender ist optisch unabhängig vom biologischen Geschlecht. Bei der Frau genauso wie beim Mann. Es handelt sich hierbei um Verhaltensweisen einzelner Individuen, die teilweise bewusst gewählt werden.

Die Erlebnisse der Individuen einer Gruppe prägen nach C.G. Jung das kollektive Unbewusste dieser Gruppe (Jung, 2011) oder nach Maurice Halbwachs (Halbwachs, 1991) das kollektive Gedächtnis einer Gruppe von Menschen. Solche Gruppen können Familien, Parteien, ethnische Minderheiten oder ganze Völker sein, aber auch die gesamte Menschheit. Um die gesamte Menschheit soll es hier gehen.

Auch sie hat ein kollektives Unbewusstes und verfügt – davon gesteuert – über kollektive Verhaltensweisen, die unter anderem typisch weibliche oder typisch männliche Züge aufweisen können.

Um es noch einmal zusammenzufassen: Die Begriffe „Frau" und „Mann" sind feste Muster im Unbewussten geworden, die sich seit Urzeiten herausgebildet haben und deshalb von C.G. Jung als Archetypen bezeichnet worden sind. Der Archetyp „Frau" ist wohl einer der großartigsten, umfasst er doch die ganze Bandbreite von der Mutter als der für das Kind allmächtigen Beschützerin bis hin zur sexuellen Partnerin des Mannes, die in ihm unstillbare Sehnsüchte entfachen kann.

Solche Archetypen sind einprägsame Schemata, die durch pauschale Vereinfachungen im kollektiven Unbewussten entstanden sind. Insofern können Archetypen wie z.B. der Engel in den Träumen eines Individuums auftauchen, auch wenn dieses Individuum niemals in ihrem/seinem Umfeld bewusst von einem Engel gehört hat.

Die dabei auftretenden Vereinfachungen waren für die Entstehung der Archetypen unverzichtbar. Derartige stereotypische Charakterisierungen wie „weiblich" oder "männlich" können natürlich im Einzelfall völlig danebenliegen, weshalb sie dann als Vorurteile empfunden werden. Gerade in unserer heutigen Welt verschwimmen die Grenzen zwischen den Geschlechtern oft und die überkommenen Rollen werden zuweilen in Frage gestellt. In der unzugänglichen Welt des kollektiven Unbewussten spielen sie trotzdem vorläufig noch die Rolle, die sie seit Jahrtausenden gespielt haben.

Das zeigt sich darin, dass viele Eigenschaften des Weiblichen und Männlichen in den verschiedensten Winkeln der Welt und zu den verschiedensten Zeiten ähnlich gesehen wurden und werden. Sie treten schon in der altchinesischen Lehre vom Yin und Yang auf, sind jedoch wohl noch viel älter, wahrscheinlich bis auf die Urmenschen zurückgehend, und haben in dieser langen Zeit Eingang in das kollektive Unbewusste der Menschheit gefunden. In der Lehre vom Yin und Yang ist im Allgemeinen Yin weibliche Prinzip: das Passive, Dunkle, die Nacht, der Mond, das Wasser, das Gefühlsmäßige, Unbewusste, Intuitive, Empfangende, Anmutige, Sich-Hingebende. Im Gegensatz dazu ist Yang das männliche Prinzip: das Aktive, Helle, der Tag, die Sonne, das Feuer, das Rationale, Bewusste, Planvolle, Erobernde, Grobe, Kontrollierende. Viele weitere pauschalisierende Charakterisierungen lassen sich finden und werden später noch wichtig werden.

Es geht hierbei nicht um den Wahrheitsgehalt solcher Aussagen, die für einzelne Individuen nicht zutreffen mögen, sondern darum, dass sie Teil der Archetypen von Frau und Mann geworden sind. Warum sie sich entwickelt haben und ob sie berechtigt sind, ist dabei unbedeutend. Sie existieren einfach im kollektiven Unbewussten und wirken von dort aus. Um diese Auswirkungen auf das Verhalten der Menschheit soll es hier gehen. Vorerst noch ein paar Hinweise.

Wenn an der einen oder anderen Stelle eingewendet werden sollte, dass irgendwelche Zuweisungen von Verhaltensformen an Frauen oder Männer stereotypisch seien, so sei daran erinnert, dass Stereotypen ja gerade der Stoff sind, aus dem das kollektive Unbewusste gemacht ist. Stereotypen entstehen als Vereinfachungen, die im menschlichen Gehirn entstehen, um die Komplexität des Seienden verarbeiten zu können. Diese Vereinfachungen werden, wenn sie erst einmal entstanden sind, vom Unbewussten übernommen, das zu einer detaillierten Analyse noch viel weniger in der Lage ist als das Bewusstsein. So beherrschen Stereotypen das Unbewusste und können bei der Betrachtung von Änderungen des Unbewussten verwendet werden, ohne dass es irgendeine Rolle spielt, ob sie zutreffend sind oder nicht. Erstaunlicherweise sind Stereotypen jedoch sogar genauer als lange angenommen (Jussim L. ,

2012, Jussim, et al., 2016). Es hat also in der Wissenschaft lange Zeit Vorurteile gegenüber Vorurteilen gegeben. Man kann – bei aller Vorsicht – viel aus Stereotypen lernen.

Dass es bei der Bildung von Stereotypen nicht um allgemeingültige Klassifizierungen handelt, ist klar. Trotzdem ist die Reichweite dieser Spekulationen eindrucksvoll. Man betrachte nur einmal die Zahlensymbolik der Pythagoreer. Sie unterschieden weibliche und männliche Zahlen: die geraden Zahlen betrachteten sie als weiblich, die ungeraden (bis auf die 1) als männlich. Das scheint an den Haaren herbeigezogen zu sein und doch kann man sich etwas dabei denken. Ob es stimmt, ist eine andere Frage. Der Gedanke ist der: Die weiblichen Zahlen beschreiben eine Anzahl von Elementen, die sich paarweise gruppieren lassen. Das passt zu der Vorstellung, dass Frauen die Harmonie, möglichst paarweise, suchen. Umgekehrt bleibt bei den männlichen Zahlen immer ein ungepaartes Element übrig. Dahinter steht die Hypothese, dass Männer zum Einzelgängertum neigen. Wie viel an solchen Bildern Vorurteil ist und wie viel wirklich „dran" ist, sei dahingestellt. Wer jedoch irgendwelche Einschätzungen unbesehen als „Vorurteile" abtut, könnte wichtige Informationen übersehen. Auch Vorurteile sind ja schließlich irgendwann entstanden und zwar nicht aus dem luftleeren Raum. Es wird Anlässe gegeben haben, die dann abgeändert oder übertrieben wurden. Geht man davon aus, dass in der männlichen Vergangenheit der Menschheit die meisten Vorurteile von Männern geprägt wurden, so kann man immerhin sagen, dass die Männer sich selbst so gesehen haben könnten. Es würde heißen, dass sie ihre mangelnde soziale Kompetenz verbrämt haben, indem sie das Image vom „einsamen Wolf" gepflegt haben, der ohne die anderen auskommt. Auch das sollte man nicht verallgemeinern, aber es könnte doch ab und an zutreffen.

Die Zahlenspielerei ging noch weiter: Erst die Kombination des weiblichen mit dem männlichen Prinzip ergibt die Vollkommenheit. Multipliziert man die erste weibliche mit der ersten männlichen Zahl, so ergibt sich als Produkt 2x3=6, wobei 6 die erste vollkommene Zahl ist, d.h. eine

Zahl, die gleich der Summe ihrer Teiler ist: 6=1+2+3. Man kann Philosophisches in solche Zahlenspielereien hineininterpretieren, aber die tatsächliche Aussagekraft ist doch mehr oder weniger gleich Null. Sie mögen einst zu Erstaunen geführt haben, heute sind sie nur noch amüsant. Man sagt sich: „Männliches mit Weiblichem kombiniert ist vollkommen. Das stimmt, also ist was dran.“

Wie schon wiederholt erwähnt wurde, werden einzelne Menschen sich durch die Archetypen falsch klassifiziert fühlen, aber um einzelne Menschen geht es im Fall der weiblich werdenden Welt wirklich nicht, sondern um das Kollektiv der Menschheit. Ferner könnten nicht-binäre Menschen Anstoß daran nehmen, dass im Yin und Yang nur von Frau und Mann die Rede ist. Man könnte einwenden, dass die Gender-Identitäten doch weitaus vielfältiger sind. Dass sich trotzdem die beiden am weitesten verbreiteten Genderformen als Archetypen zuerst etabliert haben, hängt mit der Tatsache zusammen, dass die Ausbildung von Archetypen ihrer Natur nach eine Vereinfachung beinhalten muss. Das heißt jedoch nicht, dass das kollektive Unbewusste der Menschheit nicht dennoch weitere Gendervariationen und sexuelle Orientierungen annehmen kann. In der Tat ist in der Menschheitsgeschichte zumindest noch eine homosexuelle Phase bekannt geworden (Liegener, 2018). Dazu später mehr.

Es ist immer wieder wichtig, das Verhalten der Individuen von dem des Kollektivs zu unterscheiden. Das ist ganz einfach: Einzelne Männer können für feministische Positionen kämpfen und einzelne Frauen können männliche Taktiken verwenden, um ihr gutes Recht einzufordern. Das sagt erst einmal nichts darüber aus, ob das Kollektiv weiblich oder männlich ist.

Ein weiteres Beispiel: Die Frau ist vom Archetyp her friedlich, der Mann kämpferisch. Die größere Aggressivität der Männer geht wohl auf den Einfluss der Hormone zurück (Hashikawa, Hashikawa, Lishinsky, & Lin, 2018). Diese Entwicklung beruht offenbar darauf, dass sich bei männlichen Individuen die Aggression stärker ausbilden musste als bei Frauen, damit sie Sexualpartner, Nahrung und Status erringen und ihr Revier verteidigen konnten (van Vugt, 2006). Es handelt sich dabei um eine archetypische Klassifizierung, nicht um eine allgemeingültige Tatsache. Ohne jeden Zweifel gibt es schließlich kämpferische Frauen und friedfertige Männer. Die Individuen müssen sich nicht so verhalten, wie es der Archetypus suggeriert. Für das kollektive Unbewusste gilt im Gegensatz zum Individuum, dass es sich nach den Archetypen richtet. Es ist als Massenphänomen von Pauschalbegriffen gesteuert. Die Aussage, dass das kollektive Unbewusste der Menschheit in der Vergangenheit (wie sich später zeigen wird, in den letzten 10000 Jahren) bis in die Neuzeit männlich war, bedeutet demnach, dass es dem Archetyp des Mannes entsprach und daher kämpferisch war. Dass die Menschheit als Kollektiv bis in die Neuzeit kämpferisch war, beweisen die unzähligen Kriege, die sie geführt hat.

Das hieße, dass die kollektive Psyche der Menschheit männlich ist, jedenfalls bis vor kurzem. Man könnte auch sagen, dass der Charakter des Verhaltens der Menschheit bisher noch ziemlich männlich ist.

Den Zusatz „Bisher" gibt es deshalb, weil man in letzter Zeit verstärkt dazu übergeht, Kriege durch Deeskalation zu vermeiden, und Sanktionen statt Truppen einsetzt. Das scheint auf weibliche Verhaltensweisen hinzuweisen, da Frauen ihrem Archetyp nach kommunikativer sind als Männer.

Findet da ein Wandel in der Psyche der Menschheit von männlich zu weiblich statt?

Wodurch wird diese Vermutung gestützt? Der Kalte Krieg war zwischenzeitlich beendet. (Nun ist er wieder aufgeflammt – ein Zeichen, dass der Prozess des Weiblich-Werdens der Menschheit noch nicht abgeschlossen ist.)

Im Kalten Krieg brach instinktives männliches Drohverhalten aus unserer tierischen Vergangenheit hervor. Im Tierreich evolutionär entwickelt, um die tatsächliche blutige Auseinandersetzung bei Machtkämpfen zu vermeiden, wurde beim Menschen aus der Zurschaustellung von Stärke der Aufbau einer Drohkulisse, die glaubhaft wirken musste. Die Menschen gingen noch einen Schritt weiter als die Tiere. Man ließ absichtlich ein Risiko entstehen, das beide Seiten in ihrer Existenz bedrohte: Man ging gemeinsam auf den Abgrund zu und hoffte, dass der Gegner mehr Angst haben würde als man selbst. Ein Spiel mit der Angst, eine Mutprobe. Man spielte dieses Brinkmanship genannte Spiel mit den Atomraketen, die beiden Seiten zur Verfügung standen und im Konfliktfall die Welt hätten vernichten können. Nixon fand heraus, dass es dabei nützlich sein könnte, Unzurechnungsfähigkeit zu simulieren, um den Gegner in größere Angst zu stürzen. Das wurde Madman-Theorie genannt und wurde schon 1517 von Machiavelli vorgeschlagen, der in seinen Diskursen über Livius behauptete, es wäre „sehr weise, Verrücktheit zu simulieren". Nixon war jedoch unabhängig von Machiavelli darauf gekommen.

Das Brinkmanship-Spiel kennen viele Autofahrer in Form des verbreiteten Chicken Game, das mit Autos gespielt wird. Zwei Autos rasen frontal aufeinander zu – wer als erster ausweicht, hat verloren. Das Chicken Game hat fast jeder (männliche) Autofahrer schon einmal in abgemilderter Form gespielt, wenn er an einer Straßenverengung einem anderen Fahrzeug begegnet ist. Keiner hält an. Im Gegenteil, man gibt Gas, weil man sich einbildet, dass zuerst fahren dürfe, wer zuerst da wäre, egal auf wessen Seite das Hindernis ist. Der andere macht das Gleiche. So treffen sich beide mit vollem Tempo an der Engstelle und – zack! – schon hat es die Außenspiegel erwischt. Dann wird es erst richtig interessant. Es ist erstaunlich, was der andere Fahrer für absurde Gründe anführt, weshalb er Vorrang gehabt haben sollte. Selbst minimale Steigungen von 0,01 Prozent werden geltend gemacht und obskure Gefälleregeln zitiert, die in keiner Straßenverkehrsordnung stehen. Und warum ist man selbst gefahren? Man(n) wollte nicht nachgeben. Es liegt einfach in der Natur des testosterongesteuerten Mannes. Frauen passiert das nicht.

Wenn die Stelle ersichtlich zu eng ist, um sich aneinander vorbei zu drängen, kann es dazu kommen, dass beide kurz vor dem Zusammenstoß abbremsen. Dann stehen sich die Autos frontal gegenüber, man steigt aus und der Streit setzt sich verbal fort. Manche Autofahrer sollen bei so einer sinnlosen Diskussion schon Stunden vergeudet haben. Und das, weil sie ursprünglich ein paar Sekunden Wartezeit sparen wollten! Die Situation kann sogar noch eskalieren: Gewalttätigkeiten sind nicht ausgeschlossen. Dieses Gerangel muss als typisch männlich angesehen werden und ist fast so alt wie die Menschheit. Man kennt es schon aus alten Sagen. Bekanntlich sollen Laios und Ödipus bei einer derartigen Begegnung in einen Kampf auf Leben und Tod geraten sein, in dessen Verlauf Ödipus Laios tötete, ohne zu wissen, dass dieser sein Vater war.

Beim Chicken Game einseitig für sich selbst die Gefahr zu bannen, verstößt gegen die Regeln. Das SDI-Programm war solch ein Regelverstoß. Es war gerade so, als ob man mit einem Panzer gegen ein Auto angetreten wäre. Das gehört sich nicht. Natürlich reagierte die Sowjetunion angesäuert.

Dass der Kalte Krieg zeitweilig überwunden werden konnte und wahrscheinlich wieder überwunden werden wird, haben wir einem Weiblich-Werden der kollektiven Verhaltensweisen der Kontrahenten zu verdanken.

Konfrontationen werden vermieden, der Dialog wird gesucht. Archetypisch weibliche Verhaltensweisen! Das gilt für Nationen wie für kleinere Gruppen. Man schließt sich in Bündnissen zusammen. Konventionelle Kriege werden überflüssig gemacht. Sie werden durch hybride Kriegsführung ersetzt, d.h. durch Propaganda, Sanktionen, verdeckte Operationen, terroristische Anschläge, Unterwanderung mit Agenten und Partisanenangriffe. Neuerdings werden auch Drohnenangriffe immer beliebter; denn sie können bei Bedarf anonym durchgeführt werden.

Die Vermeidung des offenen Kampfes zugunsten von heimlichen Sticheleien kann als archetypisch weibliche Verhaltensweise charakterisiert werden. Auch hierbei gibt es einen realen Hintergrund: „Frauen sind oft nachgiebig und kompromissbereit", konstatiert Gertrud Nunner-Winkler (Nunner-Winkler, 1994). Frauen kämpfen möglichst nicht, wenn es nicht ausdrücklich von den Männern gewünscht wird. Männer schon. In Gefahrensituationen hat sich herausgebildet, dass Männer kämpfen und Frauen fliehen. Deshalb haben Männer den kräftigeren Körperbau und Frauen die längeren Beine.

Tatsächlich weisen erste Untersuchungen darauf hin, dass die Gefahr eines Krieges zwischen zwei Ländern sinkt, wenn in beiden Staaten Frauen in den Parlamenten sitzen (Regan & Paskeviciute, 2003).

Bekannt ist auch, dass Hatschepsut, die weibliche Pharaonin, ihrem Land Ägypten eine Zeit des Friedens zwischen den

Kriegen ihrer männlichen Vorgänger und Nachfolger bescherte. Es ging also schon damals.

Da stellt sich die Frage: Sind Frauen wirklich friedlicher? Schließlich gibt es doch die sprichwörtlich gewordene „Stutenbissigkeit". Dazu muss einschränkend gesagt werden, dass dieser sogenannte „Zickenkrieg" hauptsächlich dann stattfindet, wenn Frauen unter sich sind, nicht dagegen in gemischten Teams (Balliet, Li, Macfarlan, & Van Vugt, 2011). Diese Verhaltensweisen haben Eingang gefunden in das archetypische Bild vom „zänkischen Weib". Der Archetypus der Frau beinhaltet also das Attribut „zänkisch" und dieses ist zu unterscheiden vom Attribut „kämpferisch" des männlichen Archetyps.

Das findet sich wieder in der kollektiven Verhaltensweise der Menschheit. Zankereien zwischen Staaten gibt es immer noch, vielleicht sogar mehr als früher. Aber lieber das als Kriege! Lieber Herumgezicke als Mord und Totschlag. Das zeigt sich ja schon auf dem Schulhof. Während die Mädchen sich schlimmstenfalls an den Haaren ziehen, schlagen Jungen sich die Nase blutig oder rammen sich ein Messer in den Bauch.

Wenn also dadurch Kriege entfallen, kann der Wandel der kollektiven Psyche der Menschheit von männlich zu weiblich als vorteilhaft angesehen werden. Leider sind wir in der Realität noch nicht ganz so weit, wie man sich wünschen könnte, aber wir sind auf dem Weg, auch wenn dieser lang werden dürfte.

Es ist erstaunlich, wie weitreichende Konsequenzen die Unterschiede zwischen weiblichen und männlichen Verhaltensweisen haben können und wie sie sich im Weiblich-Werden der Menschheit bemerkbar machen. Bekannt ist das Verhalten von Frauen und Männern in Gruppen: Männer bauen Hierarchien auf, Frauen knüpfen Netzwerke (Schwarz, 2007, S.235). Die Problemlösungen werden in einer Hierarchie von oben nach unten delegiert und zügig erledigt. In einem Netzwerk wird selbstorganisiert gearbeitet, manche Arbeitsschritte werden doppelt gemacht, zuweilen mit unterschiedlichen Ergebnissen, die dann miteinander abgeglichen werden müssen. Das kostet Zeit, hilft aber, mögliche Fehler zu erkennen und neue Einsichten zu gewinnen.

Die entsprechenden männlichen Staatsformen sind Diktatur und Monarchie, die entsprechenden weiblichen sind Anarchie und Demokratie. Im Lauf der letzten 400 Jahre ist die Demokratie wiederentdeckt worden und hat sich immer weiter verbreitet, ein deutliches Zeichen, dass die Welt weiblich wird.

Man könnte einwenden, dass in unserer Demokratie immer noch die meisten Politiker Männer seien. Dazu erstens: Das ist zur Zeit vielfach noch richtig, ändert sich aber zusehends. Zweitens – und das ist das Entscheidende – sind es nicht die Repräsentanten, die ausmachen, ob die kollektive Psyche einer Gesellschaft weiblich oder männlich ist. Es sind die vorherrschenden Ideale und Verhaltensweisen im Großen, die demokratischen Strukturen.

Man diskutiert eben heute lieber, als sich um Entscheidungen zu prügeln. Man möge mir verzeihen, wenn ich dabei daran denken muss, dass Kaffeekränzchen gern von Frauen veranstaltet werden, Hahnenkämpfe dagegen von Männern.

Wenn man die Details betrachten will, muss man weiter in die Beobachtung von Verhaltensweisen eintauchen, die sich im Lauf der Zeit als typisch weiblich oder typisch männlich herauskristallisiert haben und als liebenswert geschätzt werden. Das Ehepaar Pease hat beobachtet, dass Männer sich zielorientiert verhalten, Frauen dagegen vorgangsorientiert (Pease & Pease, 2002, S. 195). Dazu gehört, dass Männer Pläne machen, Frauen dagegen spontan handeln. Alles natürlich nur in grober Verallgemeinerung.

Wie kam es dazu? Der Grund ist traurig: Die Kinder großzuziehen, stand bei Frauen seit jeher im Mittelpunkt des Lebens. Es erforderte nicht nur Beharrlichkeit, sondern leider noch mehr. Zur Zeit der Frühmenschen war die Kindersterblichkeit sehr hoch. Die Frau musste mit der häufigen Situation fertigwerden, dass ihr Kind vorzeitig starb. Das bedeutete, dass sie sich für etwas aufopferte, das Leben ihrer Kinder, das ihr womöglich wieder genommen werden würde. Sie musste in der Tätigkeit aufgehen, ohne die Gewissheit eines Erfolges zu haben. Das ging nur, wenn sie sich kurzfristige Ziele setzte, die Zeit des Zusammenseins mit ihrem Kind auskostete, solange es eben ging, unabhängig vom Ausgang. Frauen können mit dem Tod umgehen, Männer brauchen dafür die Theologie. Frauen handeln nach der Situation, Männer machen einen Plan.

Die vorgangsorientierte Verhaltensweise der Frauen greift in unserer Welt immer mehr um sich. Schlimm wird es, wenn man sich nur noch um das Prozedere kümmert und die Ergennisse auf der Strecke bleiben. Das ist beispielsweise in der Bürokratie der Fall. Diese ist zuweilen nur noch mit sich selbst beschäftigt, ohne irgendein Ergebnis hervorzubringen. Thomas Sowell schreibt dazu: „You will never understand bureaucracies until you understand that for bu-

reaucrats procedure is everything and out-
comes are nothing."

Viele der angesprochenen Aspekte
äußern sich in der Welt der Gesellschafts-
systeme: Planwirtschaft ist männlich,
Marktwirtschaft weiblich; denn Planwirtschaft ist hierarchisch organisiert, Marktwirtschaft bildet Netzwerke.

Die kommunistische Planwirtschaft mit
der Diktatur des Proletariats stellte eine
noch männlich geprägten Gesellschaftsform
dar, wenngleich die Entstehung des
Kommunismus schon der weiblichen Welt
zu verdanken war, wie später noch zu
besprechen sein wird. Diese Planwirtschaft
wurde in Ostdeutschland nach Jahrzehnten
des real existierenden Sozialismus von der
sozialen Marktwirtschaft abgelöst. Die
Marktwirtschaft trägt wiederum weibliche
Züge wie Dezentralisierung und Demokra-
tisierung. Das war ein Schritt hin zur
weiblichen Welt und die Antithese zur
These des real exisierenden Sozialismus.
Die Synthese könnte der demokratische
Sozialismus sein, wieder eher weiblich.
Auch dazu später mehr.

Bedeutet das alles nun wirklich, dass die kollektive Psyche der Menschheit bisher männlich war und nun langsam weiblich wird, und, wenn ja, warum ist das so und was folgt daraus?

Das Weiblich-Werden der Menschheit

Die erste Frage kann mit „Ja" beantwortet werden: Ja, die Menschheit war bisher männlich und wird langsam weiblich. Es gibt viele Aspekte, die diese These stützen. Die Frage nach den Gründen für das Weiblich-Werden der Menschheit wird im sechsten Kapitel beantwortet werden.

Woran sieht man den Wandel? Von der Neigung der männlichen Menschheit zu Kriegen wurde schon gesprochen.

Was sich in der Evolution herausgebildet hat und auch bereits erwähnt wurde: Männlich ist die kämpferische Konfrontation, weiblich die verschleierte indirekte Aktion. Kriege sind also typisch männlich. Frauen tragen ihre Konflikte anders aus und halten den Anschein des Friedens aufrecht. Schon Aristophanes hat in seiner Komödie „Lysitratra" erzählt, dass die Frauen von Athen und Sparta ihre Männer vom Krieg der beiden Städte gegeneinander abgebracht hätten, indem sie alle in den Ehestreik getreten wären. So war es in Wirklichkeit zwar nicht, aber die Idee zeigt, dass Frauen in der Hinsicht viel mehr Vernunft zugetraut wird als Männern.

Heute beginnt man tatsächlich damit, Kriege überflüssig zu machen. Hybride Kriegsführung und Sanktionen wurden bereits erwähnt. Es wird auch höchste Zeit für einen Wandel, da sonst die Selbstvernichtung der Menschheit droht.

Der Ukraine-Krieg wirkt da wie ein Relikt aus vergangenen Zeiten. Solche Rückschritte wird es immer geben, aber statistisch gesehen werden konventionelle Kriege (hoffentlich) seltener werden. Der Ukraine-Krieg wird überdies von manchen Beobachtern nur als ein Stellvertreterkrieg angesehen, der kontrolliert werden kann und muss, damit er nicht zum Dritten Weltkrieg eskaliert. Auch bei diesem Krieg besteht die Hoffnung, dass Sanktionen ihn beenden könnten. Der Westen hält sich bewusst mit einer aktiven Teilnahme zurück.

Das Konzept, weibliche Denkweisen in der Außenpolitik stärker einzusetzen, äußert sich auch in dem Bemühen um eine feministische Außenpolitik (Lunz, 2022), die bereits in einigen Ländern angestrebt wird. Dies ist eindeutig ein Symptom der weiblich werdenden Welt. Der Feminismus und die verschiedenen Frauenbewegungen ebnen den Weg für eine weibliche Welt. Die Programme geben die Richtung vor. Natürlich lässt sich die Zukunft nicht in allen Details vorhersagen. Es entspricht gerade der weiblichen Vorgehensweise, die Dinge nicht in toto zu planen, sondern nur gezielt an den Stellen, wo es nötig ist, einzugreifen.

Auch in der Ökologie greift man auf feministische Gedanken zurück, nämlich auf die Beobachtung, dass Frauen im Allgemeinen ein besseres Gespür für und einen besseren Zugang zur Natur haben als Männer und daher besser den nachhaltigen

Umgang mit der Natur bewerkstelligen könnten (Goodbody, 2008).

Der Wandel der Menschheit zeigt sich schon früh im Leben eines jeden Menschen. Nehmen wir das Schulalter! Bereits in der Schule wird die Vermittlung von Faktenwissen mehr und mehr zurückgenommen. Statt dessen setzt man auf die Vermittlung von Soft-Skills wie kommunikativen Fähigkeiten und Integrationsfähigkeit. Diese Soft-Skills sind Fähigkeiten, die Frauen besser beherrschen als Männer. Übertrieben formuliert: Männer sind stark bei Sachfragen, Frauen bei Empathie. Das trifft wieder einmal nicht in allen Einzelfällen zu, scheint aber statistisch relevant zu sein (Christov-Moore, et al., 2014).

Die Schüler von heute sollen in einer weiblich ausgerichteten Welt besser zurechtkommen. Unsere Vorfahren hätten nicht verstanden, dass man auch ohne Latein und Altgriechisch Abitur machen kann. Heute kann man es. Dafür verfügen die Schüler von heute über mehr soziale Kompetenz als die von damals. (Das hoffen wir jedenfalls. Es muss sich ja erst noch zeigen.)

Die lückenhafte Fachausbildung macht sich später bemerkbar. Der Alptraum wäre, dass es so weit kommt, dass jemand vergeblich auf eine lebensnotwendige Operation wartet, weil die zur Verfügung stehenden Ärzte zwar allesamt wunderbar sozial kompetent sind, aber nicht die für die Operation notwendige fachliche Qualifikation besitzen. Schon heute finden sich in der Politik auch auf exponierten Plätzen immer öfter Kandidaten, die über eine miserable Schul- und nur eine abgebrochene oder gar keine Berufsausbildung verfügen. Diese und andere Missstände werden gern beklagt, sind jedoch nicht ganz so schlimm, wie man denken könnte. Das zeigen die folgenden Überlegungen. Es geht um die Bildung von Teams.

Holen wir etwas aus! Frauen kümmern sich um die Kleinigkeiten, die Details. Männer geben sich damit nicht ab – sie wollen die ganz großen Dinge vollbringen. Das war schon immer so: Frauen hielten die

Höhle sauber, Männer jagten das Großwild. Nicht ohne Grund erzählt das Märchen „Aschenputtel“ von einer idealen Frau, die Erbsen sortiert. Wer will, kann raten, ob die heutige Bürokratie mit ihrer Erbsenzählerei männlich oder weiblich geprägt ist. Auch in dieser Hinsicht sind wir schon sehr weit im Wandel fortgeschritten. Leider bedeutet das auch: Die Bürokratisierung unseres Lebens wird in der weiblich werdenden Welt noch zunehmen.

Immer mit dem Netzwerk verbunden zu sein, ist im weiblichen Interesse. Heutzutage können selbst Männer das Handy kaum aus der Hand legen. Auch Männer fügen sich in das weiblichen Verhaltensmuster ein. Das Handy ist schon von seiner äußeren Form typisch weiblich: klein, elegant und kompakt, passt in jede Handtasche. Männer hätten wohl große Panoramabildschirme bevorzugt, aber die Realität erzwang die weibliche Variante.

Netzwerke werden immer allgegenwärtiger. Sie vernetzen Teams, die wiederum auch netzwerkartig funktionieren.

Man könnte nach den großen politischen Entscheidungen fragen. Gibt es die denn gar nicht mehr in der weiblich werdenden Welt? Doch, es gibt sie, aber sie werden in viele kleinere fachliche Fragen aufgebrochen und in Teams bearbeitet. Das Parlament wird beteiligt, die Verantwortung wird aufgeteilt, Fachausschüsse gebildet. Man wühlt sich praktisch in die Lösung hinein, so dass es kaum den einen Zeitpunkt gibt, zu dem eine einzelne Person eine einzige Entscheidung trifft. So werden die Fehler minimiert, die jede einzelne Person immer machen könnte.

Das erklärt nun auch, warum die mangelnde Ausbildung von Fachkräften und Politikern kein Problem darstellt. Die Inkompetenz des oder der Einzelnen wird vom Team aufgefangen. Es ist eine bekannte Tatsache, dass in vielen Fällen ein

Team Probleme lösen kann, die eine einzelne Person nicht lösen könnte. Das ist das Rezept für die Politik. Es wird nämlich auch in Zukunft noch Menschen geben, denen es Spaß macht, in einem Fachgebiet richtig gut zu sein. Sie werden nur seltener sein und nicht mehr so gefeiert werden wie füher.

Hilft es, wenn das Team desto größer ist, je inkompetenter die beteiligten Personen sind? Das ist nicht geklärt. Vielleicht läge aber hierin eine Erklärungsmöglichkeit, warum unser Regierungsapparat in der jüngeren Vergangenheit immer weiter aufgebläht wurde. Aber man muss zugestehen: Inzwischen wird gegengesteuert.

Weibliche Strategien zur Problemlösung sind auf dem Vormarsch. Sie beruhen weniger auf Planung und rationaler Analyse als auf Intuition und Gruppenwechselwirkung. Das führt zu Techniken wie Brainstorming, wobei man die Gedanken in einer Gruppe frei laufen lässt und gleichzeitig zusammenführt, und Scrum, wobei ein Team sich in Feedback-Schleifen mit vorläufigen Lösungsversuchen experimentell und kollaborativ vortastet. Beide Techniken nutzen offenbar weibliche Charakteristika und haben sich erst in der jüngeren Vergangenheit entwickelt.

In einer weiblichen Welt sollte sich noch eines zeigen: die weibliche Empathie. Tests an Babys zeigen, dass Frauen von Geburt an stärker zur Empathie neigen als Männer. Der bekannte Hirnforscher Simon Baron-Cohen kommt zu dem Ergebnis: „Während das Gehirn von Frauen von Natur aus auf Einfühlung ausgerichtet ist, ist dem Gehirn von Männern die Gabe angeboren, die Welt systematisch und analysierend begreifen zu wollen." (Baron-Cohen, 2004) Hirnscans von erwachsenen Frauen und Männern zeigen Unterschiede in der Verarbeitung mitleiderregender Bilder: Während bei Frauen sofort der Gyrus Cinguli aktiviert wurde, war bei Männern zuerst eine Region im Scheitellappen aktiv, die eine rationale Analyse ermöglicht (Nieto, Mercadillo, Pasaye, & Barrios, 2022). Bei Frauen wird die Empathie offenbar unmittelbar ausgelöst, bei Männern kommt zuerst die rationale Analyse.

Die unterschiedliche Einstellung von Frauen und Männern kommt auch in der Kommunikation zum Vorschein. Deborah Tannen unterscheidet Report-Talk bei Männern von Rapport-Talk bei Frauen (Tannen, 1993). Beim Report-Talk werden hauptsächlich Informationen mitgeteilt und dadurch ein gewisser Status beansprucht. Beim Rapport-Talk geht es um Empathie und Zusammenarbeit.

Die emotionale Stärke der Frauen hat auch eine Kehrseite: ihre emotionale Verletzlichkeit. Beides, die durch die Emotionalität bewirkte Stärke und Schwäche der Frauen, findet sich in der weiblich werdenden Welt wieder. Die emotionale Stärke der Menschheit zeigt sich in der Fürsorge für die Schwachen die sich in den immer weiter ausgebauten Sozialsystemen zeigt, die emotionale Verletzlichkeit in der Zunahme psychischer Probleme in der modernen Gesellschaft.

Ganz allgemein gesagt: Die weibliche Welt wird von Empathie geprägt sein.

Schon Stephen Hawking argumentierte kürzlich (Hawking, 2015): Aggression zerstört die Menschheit, Empathie könnte sie retten. In die Gendersprache übersetzt heißt dies: Männliche Eigenschaften gefährden die Menschheit, weibliche könnten sie retten. Also: Das Weiblich-Werden der Menschheit könnte sie retten. Nach der Theorie von der weiblich werdenden Welt stehen die Chancen gut, dass es dazu kommen wird.

Früher gehörte es zum Leben dazu, dass junge Männer nach der Schule ihren Wehrdienst ableisten mussten. Der Militarismus hatte zu gewissen Zeiten das ganze Denken der Gesellschaft beeinflusst. Er war ein Symptom der damals noch in mancher Hinsicht männlichen Gesellschaft. Heute ist die Wehrpflicht in vielen Ländern abgeschafft. Militarismus ist verpönt, weibliche Ansichten geben den Ton an. Im Zuge der Ukraine-Krise werden inzwischen wieder Rufe nach einer Wiederaufnahme der Wehrpflicht in Deutschland lauter. Ob es dazu kommt und in welcher Weise, muss sich noch zeigen.

Um auch unangenehme Kleinigkeiten zu erwähnen: Dass die medizinischen Pflegekräfte in der Corona-Krise mit ein paar warmen Dankesworten abgespeist wurden, ist ebenfalls Zeichen der weiblichen Gesellschaft, in der Worte mehr zählen als Sachleistungen. In einer männlichen Gesellschaft wären nur handfeste Verbesserungen der Arbeitsbedingungen der betreffenden Kräfte als Kompensation akzeptiert worden. Wird sich daran etwas ändern? Ja! Die Dankesworte werden bleiben und sie sind ja für sich genommen auch nicht schlecht. Was sich aber ändern wird, ist, dass Frauen besser bezahlt werden werden und dass ihre Arbeit auch ohne Anlass gewürdigt werden wird. Sie werden hoffentlich eines Tages nicht mehr um handfeste Verbesserungen ihrer Arbeitsbedingungen kämpfen müssen, sondern werden sie als selbstverständlich gewährt bekommen.

Kann man den Einfluss des Weiblich-Werdens auch in ganz großem Maßstab feststellen? Abermals ja! Nehmen wir die Überbevölkerung der Erde. In der männlichen Phase der Menschheit vervielfältigte sich die Zahl der Menschen explosionsartig, bis die Erde aus allen Nähten platzte. Erst in neuerer Zeit (ab 1970) geht die Geburtenrate wieder etwas zurück. Das ist kaum auf bewusste Entscheidungen zurückzuführen. China hatte zwar so etwas seinerzeit mit der sogenannten Ein-Kind-Politik versucht. Diese führte bekanntlich zu Problemen und musste wieder aufgegeben werden. Nein, global gesehen sind bei der Eindämmung der Überbevölkerung Käfte des kollektiven Unbewussten am Werk.

Bei der Suche nach den Gründen für den Rückgang der Geburtenraten liegt Folgendes nahe: Der Mann versucht, sein Erbgut möglichst weit zu verbreiten; er will viele

Kinder, gegebenenfalls auch von verschiedenen Frauen (Pease & Pease 2011). Das könnte bei der Entstehung der Überbevölkerung für eine männliche Menschheit sprechen. Aber wie ist die einsetzende Stagnation des Wachstums der Menschheit mit dem Weiblich-Werden der Menschheit in Einklang zu bringen?

Die Frau ist für das Großziehen der Kinder verantwortlich – mehr noch als das: Sie ist ihnen enger verbunden als der Mann. Das bedeutet aber auch, dass sie nur so viele Kinder in die Welt setzen will, wie sie auch versorgen kann. Geburtenkontrolle ist eine Domäne der Frauen. Sollte sie zumindest sein, auch wenn die männlich geprägte katholische Kirche den Frauen das lange streitig machen wollte.

Eine weibliche Menschheit, die an die Grenzen der Überbevölkerung stößt, wird ihre Vermehrung drosseln. So ist auch hier der Einfluss der weiblich werdenden Menschheit zu spüren. In ihrem Bestreben, das Beste für ihre Kinder zu tun, bremst sie das Bevölkerungswachstum.

Natürlich gibt es auch eine sehr viel einfachere Erklärung: Ab Ende der 1960er Jahre gab es die Antibabypille. Das kann sicher ohne weiteres den Geburtenrückgang erklären, widerlegt aber nicht das psychologische Argument. Schließlich kann man argumentieren, dass die Entwicklung der Pille unter anderem aus dem kollektiven Wunsch nach Geburtenkontrolle einer weiblich werdenden Gesellschaft entstanden sein könnte. Damit schließt sich der Kreis.

Frauen fragen, Männer behaupten – so scheint es zuweilen. Was ist dran an dieser Wahrnehmung? Das Testosteron führt bei Männern zu einem verstärkten Konkurrenzverhalten (Eisenegger, Kumsta, Naef, Gromoll, & Heinrichs, 2017), das sich in übersteigertem Selbstvertrauen und Imponiergehabe äußert. Der Mann stellt seine Meinung als unumstößlich hin. Daher kommt es für ihn nicht in Frage, Rat zu suchen.

Diese männliche Überheblichkeit führt dazu, dass Männer ungern um Rat fragen, während Frauen kein Problem damit haben, um Rat zu fragen, und dies sogar gern tun. Ihre kommunikative Stärke begünstigt das.

Die Konsequenzen sind bekannt: Jeder vierte Mann, der sich verfahren hat, irrt mindestens eine halbe Stunde durch die Gegend, bevor er nach dem Weg fragt (Mayerowitz, 2010). Eine Minderheit von 12% der Männer fragt sogar überhaupt nicht nach dem Weg. Keiner weiß, was aus denen geworden ist. Umgekehrt fragen drei Viertel der Frauen sofort nach dem Weg.

Es ist wie in dem alten Witz: Warum sind Millionen Spermien notwendig, um eine einzige Eizelle zu befruchten? Weil die Spermien männlich sind und nicht nach dem Weg fragen.

Diese Verhaltensweisen haben Folgen in der Kommunikation. Überspitzt formuliert: Während Frauen sich im Gespräch für die Standpunkte ihrer Gesprächspartner inter-essieren und daher auch fragen, glauben Männer, die Weisheit gepachtet zu haben und hören nicht zu (Pease & Pease, 2000). Natürlich völlig zu Unrecht: Männer wissen meist auch nicht mehr als die Frauen, aber es gehört zu ihrem Imponiergehabe, sich überlegen zu geben und zu belehren. Auf Neudeutsch nennt man das Mansplaining. Dabei übersehen die Männer, dass erst aus dem Meinungsaustausch Neues entsteht.

Die genannten Verhaltensweisen sind zu erklären: In der Höhle mussten die Frauen die Alltagsgeschäfte verrichten und konnten sich dabei absprechen, während die Männer auf der Jagd in Sekundenbruchteilen handeln mussten. Dadurch entstand ein gewisser Zwang zur Entscheidungsstärke der Männer, die mit Durchsetzungskraft gepaart ist. Man kann es manchmal auch Rücksichtslosigkeit nennen. Frauen dagegen pflegen das soziale Klima in der Familie und der Gruppe.

Fragen und Zuhören sind also weibliche Stärken. In unserer heutigen Gesellschaft ist das Fragen wichtiger geworden denn je. Unsere gesamte Wissenschaft beruht darauf, Fragen gestellt zu haben. Das gab es auch schon in der Antike, wobei es da aber auf Einflüssen aus Griechenland beruhte, dessen kollektive Psyche zu jener Zeit homosexuell orientiert war. Dazu später mehr.

Das Fragen wurde lange vernachlässigt und erst mit dem Beginn der Neuzeit um 1500 wieder neuentdeckt, zur Zeit der Renaissance, der Wiederbesinnung auf die Antike. Davor beherrschte im Mittelalter die Kirche mit ihren dogmatischen Aussagen alle Bereiche des Lebens. Die Bibel verlieh den Geistlichen ihre Autorität und durfte nicht in Frage gestellt werden.

Man kann also ab ungefähr 1500 mit dem Einsetzen einer Kultur des Fragens rechnen. In dieser Zeit dürfte das Weiblich-Werden der Menschheit begonnen haben. Die Kirchen, damals Verbreiter der Lehre von der minderwertigen Frau, wurden stufenweise entmachtet. Die echten Wissenschaften begannen, sich zu entwickeln.

Nehmen wir als eine der wichtigsten Wissenschaften die Physik. Auch diese unterlag einem Wandel. Es gab sie schon in der griechischen Antike. Wiederentdeckt als experimentelle Wissenschaft wurde sie in der Renaissance von Galileo Galilei. Aber seitdem hat sie sich entscheidend gewandelt. Es ist noch nicht lange her und ein Zeichen der weiblich werdenden Welt, dass man auch in der Physik seine Grenzen erkannt und akzeptiert hat. Im mechanistischen Zeitalter des 19. Jahrhunderts ging man noch davon aus, im Prinzip das ganze Weltgeschehen auf mechanische Vorgänge zurückführen zu können. Das entspricht der männlichen Denkweise, die von einer planbaren Welt ausgeht und am liebsten alles berechnen würde.

Die Mechanik beschreibt die infinitesimalen Bewegungen, d. h. die Bewegungen im Kleinsten, mittels Differentialgleichungen, die dann gelöst, man sagt „integriert", werden müssen, um die Bewegung im Großen zu beschreiben. Damit sollte sich im Prinzip alles, was man wissen möchte, aus einer geeigneten Momentaufnahme der Welt exakt vorhersagen lassen. Damit würde alles auf strenger Kausalität beruhen. Sinnbild dieses Wunschtraums der bis zu dieser Zeit (um ca. 1900) noch weitgehend männlichen Menschheit war der Laplacesche Dämon, eine hypothetische überlegene Intelligenz, die in der Lage sein sollte, mittels der damals bekannten Physik aus dem vollständig bekannten Zustand der Welt zu einem gegebenen Zeitpunkt den Zustand der Welt zu jedem beliebigen früheren oder späteren Zeitpunkt zu berechnen. Man glaubte, mehr oder weniger am Ziel der wissenschaftlichen Entwicklung angekommen zu sein. Es gäbe vielleicht noch das eine oder andere Detail auszuarbeiten, aber im Wesentlichen sei die Physik fertig. Ein Fall von Hybris.

Das Schlupfloch, das diese Überheblichkeit ermöglichte, war die Einschränkung „im Prinzip". Die Integration der Bewegungsgleichungen ist nämlich beileibe kein triviales Problem. In geschlossener Form ließ sie sich nur in den wenigsten Fällen bewerkstelligen. In nicht-integrablen Fällen musste numerisch vorgegangen werden. Das konnte beliebig lange Rechenzeiten erfordern und lieferte letztlich doch nur eine genäherte, keine exakte Lösung. Man konnte jedoch, wenn man Probleme nicht lösen konnte, einfach darauf verweisen, dass die Lösung mehr Zeit in Anspruch nehmen würde. So schob man ungelöste Probleme einfach vor sich her.

Das Ganze stürzte in sich zusammen, als man sich Anfang des 20. Jahrhunderts bei der physikalischen Beschreibung des Atombaus in Widersprüche verwickelte. Die Systeme zeigten mal Teichen-, mal Welleneigenschaften. Ein Dualismus, den es in der klassischen Mechanik nicht gab. Man kam nicht weiter. Erst nach einigem Hin und Her formte sich in den 20er und 30er Jahren des 20. Jahrhunderts eine neue Theorie, die damit fertig wurde: die Quantenmechanik. Sie war die erste physikalische Theorie, welche die prinzipielle Unfähigkeit des Menschen akzeptierte, alles wissen zu können. Man kann nicht alles wissen! Das war seinerzeit revolutionär und setzte sich nur durch einen Generationenwechsel der Wissenschaftler durch, bis es allgemein akzeptiert wurde. Ein Beispiel für die Unfähigkeit, alles zu wissen, ist die berühmte Heisenbergsche Unschärferelation von 1927, die besagt, dass es unmöglich ist, Ort und Impuls eines Elementarteilchens gleichzeitig exakt zu kennen. Wenn die Masse bekannt ist, kann man nicht Ort und Geschwindigkeit gleichzeig kennen. Daher der folgende Physikerwitz: Heisenberg war mit dem Auto unterwegs und wurde von der Polizei angehalten: „Wissen Sie, wie schnell sie waren?!" – „Nein, aber dafür weiß ich, <u>wo</u> ich war."

Ganz allgemein gibt es miteinander „inkommensurable Observablen", die nicht gleichzeitig messbar sind. Da, wo die menschliche Unwissenheit ins Spiel kommt, werden deterministische durch statistische Aussagen ersetzt. Der Laplacesche Dämon ist nun begrifflich unmöglich geworden, der Traum vom Determinismus geplatzt. Die Entwicklung der Welt kann nicht mehr als vorherbestimmt angesehen werden.

Man kann die klassische Mechanik als eine Theorie der noch männlichen Menschheit identifizieren; in der Quantenmechanik jedoch erkennt man eine Theorie der weiblich werdenden Menschheit. Die

Menschheit schuf damit eine Theorie, die zwar funktionierte und nützliche Aussagen lieferte, aber nicht vorgaukelte, der Weisheit letzter Schluss zu sein. Dabei spielt es keine Rolle, dass die Theorie fast ausschließlich von Männern entwickelt wurde. Nicht die Individuen steuern das Kollektiv, das Kollektiv steuert die Individuen.

Rom wurde nicht an einem Tag erbaut. Die Anmaßung, alles berechnen zu können, hatte auch nach der Etablierung der Quantenmechanik noch kein Ende. Im Gegenteil, die Erfolge der Quantenmechanik bei der Erklärung des Molekülbaus führten zum Phänomen des Reduktionismus bezüglich der Chemie. Es wurde postuliert, dass bei ausreichender Rechenleistung der Computer sämtliche Aussagen der Chemie durch physikalische Rechnungen reproduziert werden könnten. Chemie sei demnach nichts anderes als angewandte Physik, sie sei auf die Physik reduziert worden. Dieser Standpunkt ignorierte jedoch, dass auf der nächsthöheren Ebene einer Theorie emergente Phänomene auftreten können, die holistischen Charakter haben. Mit anderen Worten: Das Ganze ist mehr als die Summe seiner Teile. Das Reaktionsverhalten funktioneller Gruppen zum Beispiel erschließt sich erst aus einer Vielzahl chemischer Experimente, gekoppelt mit Beobachtungen von makroskopischen Eigenschaften der Substanzen. Man hätte es aus einzelnen quantenmechanischen Rechnungen nicht herleiten können. Dazu hätte die physikalische Heuristik nicht ausgereicht. Nur der umgekehrte Weg ist möglich: Man kann die bereits gewonnenen chemischen Aussagen quantenmechanisch bestätigen. Hier zeigt sich ein grundlegender Unterschied zwischen Physik und Chemie: Die Vorgehensweisen sind verschieden. Während die Vorgehensweise der Physik bathogen (Tiefe erzeugend) genannt werden könnte, ließe sich die Vorgehensweise der Chemie als taxogen (Ordnung erzeugend) bezeichnen. Man muss die Disziplinen als verschieden ansehen. Es ist noch gar nicht so lange her, dass die Wissenschaft in diesem Fall die Grenzen der Reduktion anerkannte (Primas, 1981, Liegener & Del Re, 1987a, 1987b, Liegener, 1994).

Ähnlich verhält es sich mit der Biologie. Aus tiefer liegenden Wissenschaften wie der Physik und Chemie höhere Ebenen wie die der Biologie konstruieren zu wollen, verkennt die Eigenheit komplexer Begriffsbildungen. Das Leben tritt uns als eine emergente Eigenschaft phänomenologisch entgegen und kann als solche analytisch erklärt werden, hätte sich aber aus den Gesetzen der Physik und Chemie nicht vorhersagen lassen. Der Drang, Phänomene auf zugrundeliegende Gesetzmäßigkeiten zurückzuführen, der analytische Ansatz, kennzeichnet eine männliche Ausprägung von Wissenschaft. Dieses Vorgehen versucht sich an einer durchgängig rationalen Erklärung der Welt, ein männlicher Wunschtraum. Man unterliegt jedoch einem Irrtum, wenn man behauptet, man hätte eine Erscheinung vorhersagen können, nur weil man sie a posteriori erklärt und verstanden zu haben glaubt. In der darin liegenden Anmaßung kann man den Narzissmus der männlichen Menschheit erkennen.

Der holistische Ansatz, die ganzheitliche Betrachtungsweise, die der Situation angemessen wäre, erfordert Intuition und eine gewisse Bescheidenheit in der Erklärung der Welt. Dieser Zugang kann als weiblich eingeordnet werden. Einstein dazu: „Der intuitive Geist ist ein heiliges Geschenk und der rationale Geist ein treuer Diener. Wir haben eine Gesellschaft erschaffen, die den Diener ehrt und das Geschenk vergessen hat." So war das damals. Das ändert sich in der weiblich werdenden Welt. Mehr und mehr kommt in unserer Zeit die holistische Sicht in der Wissenschaft zum Zuge, mehr und mehr wird die weibliche Intuition gewürdigt.

Auch die prinzipiellen Grenzen der Mathematik wurden erkannt. Meilenstein war 1931 die Veröffentlichung der Gödelschen Unvollständigkeitssätze. Der erste Satz besagte, dass es in Systemen wie der Mathematik immer unbeweisbare Aussagen geben muss, der zweite, dass es unmöglich ist, innerhalb eines solchen Systems dessen Widerspruchsfreiheit zu beweisen. Hilbert hatte es noch 1921 zum Programm machen wollen, die Widerspruchsfreiheit der gesamten Mathematik zu beweisen. Dieses vom damaligen Zeitgeist geprägte Vorhaben hatte sich nun nach dem zweiten Unvollständigkeitssatz als unmöglich erwiesen. Auch hier hatte die Menschheit ihre Grenzen anerkannt, ihren Narzissmus abgestreift, hatte das Weiblich-Werden eingeleitet.

Selbst in der Philosophie werden mittlerweile kleinere Brötchen gebacken. Die Zeit der großen, allumfassenden Systeme, die die ganze Welt schlüssig erklären sollten, ist vorbei. Sie hatte ihre letzte Blüte im 19. Jahrhundert, im deutschen Idealismus. Die Auswirkungen jener Welterklärungstheorien reichten durch ihren Einfluss auf den Kommunismus bis ins 20. Jahrhundert hinein. Die Tradition unerfüllbarer Träume von grenzenlosem Wissen reicht von den Alchimisten des Mittelalters, über die Universalgelehrten der Renaissance bis eben zu jenen Systemphilosophen des 19. Jahrhunderts (übrigens alles Männer). Den übertriebenen Ehrgeiz, die ganze Welt erklärbar zu machen, hat man heute nicht mehr. Im 20. Jahrhundert schraubte man seine Ziele herab. Die Philosophie erhebt zwar immer noch den Anspruch, das große Ganze zu behandeln, musste aber die spezielle Vorgehensweise aufgeben, die Welt als objektiv gegenständlich zu betrachten. Das Problem bei diesem Vorgehen ist, dass das philosophierende Subjekt theoretisch mitberücksichtigt werden müsste, da es, wie im Fall von Karl Marx, mit seiner Philosophie wiederum die ganze Welt beeinflussen kann. Die Berücksichtigung dieses Einflusses würde zu einer rekursiven Philosophie führen, die im Prinzip nie abgeschlossen sein würde. Die neuere Philosophie ist nicht mehr auf der Suche nach letzten Erkenntnissen, sie betreibt Wissenschaft in kleinen Schritten und das nicht nur, weil Frauen aktiv daran teilnehmen.

Noch einmal zu den Kirchen. Auch die Religionen machen einen Wandel durch. Dieser findet hauptsächlich in den Köpfen der Menschen statt. Mit der Entmachtung der Kirchen büßen mittlerweile die kirchlichen Werte an Wichtigkeit ein. Diese Werte gehen jedoch nicht verloren, sondern werden durch gefühlsmäßig erfasste Werte ersetzt. Nächstenliebe, karitative Tätigkeiten müssen nicht mehr von einer autoritären Kirche verordnet werden, sie werden in der neuen Welt praktiziert, weil sie von den Gläubigen selbst den Lehren des neuen Testaments entnommen werden oder auch nur intuitiv als richtig erkannt werden. Neu dabei: Man brauchte dazu keine Hermeneutik mehr, sondern versuchte, die Botschaft selbst zu verstehen. Noch weiblicher ist natürlich der intuitive Zugang.

Der Gottesbegriff verliert seine dogmatische Natur. An seine Stelle tritt mit Kants Kritik der reinen Vernunft 1781 ein philosophischer: Gott wird als eine regulative Idee der reinen Vernunft angesehen. Seine Existenz kann nicht bewiesen werden, aber er kann als Gedankenhilfe beim Verständnis der Welt postuliert werden und zur angemessenen Demut führen.

Das Gleiche gilt für die Jenseitsvorstellungen. Man hat eingesehen, dass man über das Jenseits nichts wissen kann. Was daher geschehen wird: Man wird die gängigen religiösen Doktrinen durch ein intuitives Urvertrauen auf Gott ersetzen (Liegener, 2020b) und auf dogmatischen Zwang verzichten. Wir werden wohl darauf vertrauen müssen, dass das Schicksal für jeden von uns mit der Vollendung seines irdischen Lebens gut wird.

Männer brauchen einen Plan, Frauen vertrauen. Heute sind wir geneigt, eher wie die Frauen zu empfinden: Wie weit sollte man auch planen: für sich, die Kinder, die Enkel … oder gar für die ganze Menschheit, die auch irgendwann untergehen wird? Man muss es wohl sub specie aeternitatis sehen, also im Hinblick auf die Ewigkeit. Aber darüber weiß man nichts. Demnach kann man nicht alles planen. Dann bleibt nur der weibliche Weg. Hierbei muss man allerdings das Vertrauen erst lernen.

Wie soll das gehen?

In der weiblichen Welt sieht man das irdische Leben als eingebettet in etwas unbekanntes Größeres. Dieser Gedanke, der aus dem Pantheismus stammt, ist inzwischen in der weiblichen Welt geläufig geworden: „Wir wissen nichts über das Jenseits …, außer dass es etwas Größeres sein dürfte, etwas, in das unsere irdische Existenz eingebettet ist." (Liegener, 2016, S. 82). Genau das findet sich oft bei Frauen: „Das Grundgefühl des Eingebettet-Seins in einen größeren Zusammenhang haben uns viele Frauen geschildert", berichten Imdahl und Steeger (Imdahl & Steeger, 2022, S.86).

Diese weibliche Haltung ist Ausdruck eines Vertrauens. Es ist ein blindes Vertrauen, ein Vertrauen, wie wir es im Kindesalter von unseren Eltern gelernt haben, ein ursprüngliches Vertrauen in das absolut Gute in der Welt, ein Urvertrauen in Gott.

Da der Archetypus „Gott" nicht aus dem kollektiven Unbewussten entfernt werden kann, wird den Menschen auch der Glaube an Gott bleiben (mit „Menschen" sind die Mitglieder der kollektiven Menschheit gemeint, soweit sie die statistischen Eigenschaften repräsentieren; Individuen können anders sein). Das Urvertrauen der weiblichen Welt bedeutet, dass im Gegensatz zum Agnostizismus von diesem Gott etwas ausgesagt werden können wird, nämlich dass er gut ist, in dem Sinne, dass er von uns aufgrund unserer Psyche zwangsläufig so gedacht werden muss. Damit geht man auch über die sogenannte negative Theologie (Franke, 2014) hinaus, in der man nur negative Aussagen über Gott zulässt, wie den Wegfall von Einschränkungen (z.B. unendlich).

Die psychische Notwendigkeit von menschlichen Aussagen ist natürlich nicht zu verwechseln mit objektiven Aussagen, die in diesem Fall unmöglich sind. Aber dem kollektiven Unbewussten zu folgen und an einen guten Gott zu glauben, ist immer noch das Beste, was uns möglich ist, und es tut uns gut.

Der Glaube an einen guten Gott wirkt sich nämlich bereits im Diesseits aus. Er hat positive Auswirkungen auf Psyche und Physis. So kann er zum Beispiel gegen chronische Schmerzen helfen (Dezutter, et al., 2010). Verwandt mit dem positiven Gottvertrauen ist auch die allgemeinere

bekannte Praxis des „positiven Denkens"
(Birkenbiehl, Neil, & Gerlach, 2005).

Das Bild, das wir uns von Gott machen, wird sich ändern. Nicht, dass wir zur Verehrung von Naturgöttinnen zurückkehren, wie wir sie als Jäger und Sammler gepflegt hatten, als wir uns schon einmal – das sei vorweggenommen – in einer weiblichen Welt befanden, nein, wir sind auf einer höheren Ebene angelangt, haben in der männlichen Welt vieles dazugelernt, was wir jetzt neu interpretieren können. Mit den Worten Wittgensteins: Wir können die Leiter wegwerfen, nachdem wir darübergestiegen sind. Bilder Gottes werden immer intrinsisch fehlerhaft sein. Das Gottesbild kann nur eine Projektion der im Selbst angelegten Bilder sein und wird daher neurotisch verzerrt sein (Funke, 1993).

Die Existenz Gottes wird nicht mehr Gegenstand der Frage sein. Das wäre männlich und ist in der weiblichen Welt irrelevant. Wie schon in Lessings Theaterstück „Nathan der Weise" erklärt wird, geht es nicht um die Lehre, sondern die Wirkung der Religion. Millionen von Menschen haben über Jahrtausende an eine höhere Macht geglaubt. Das hat eine Wirkung zur Folge: Der Gottesbegriff hat Eingang in das kollektive Unbewusste der Menschheit gefunden. Entsprechende Archetypen entstanden im Lauf der Jahrtausende: „Gott", „Allah", „Gnade", „Engel", "Himmel" etc. Der Einfluss solcher kollektiven Überzeugungen auf das Individuum ist gewaltig. Viele Menschen haben das Wirken des Göttlichen schon einmal oder öfter gespürt, werden es spüren oder glauben, es zu spüren. Ein Beispiel ist eine Besserung der persönlichen Situation nach einem Gebet. Oft wird dann angenommen, dass das eine, das Gebet, mit dem anderen, der Besserung, in einem kausalen Zusammenhang steht – ein voreiliger Schluss, der unter dem Stichwort „post hoc ergo propter hoc" bekannt ist. Man fragt man sich zu Recht, ob der Zusammenhang real ist oder nur Zufall. Keiner kann es beantworten. Was ist schon „real"? Der Begriff der „Realität" impliziert ja bereits, dass Übernatürliches ausgeschlossen ist. In der weiblichen Welt müsste ein anderer Begriff für solche Ereignisse gefunden werden, z.B. „spürbar" statt „real".

Der Unterschied der neuen Einstellung zum Dogmatismus gegenüber der alten besteht darin, dass man über Gott nichts wissen muss. Er spielt die Rolle, die unsere Eltern in unserer Kindheit gespielt haben. Er gibt uns Sicherheit, ohne dass wir explizit etwas dafür tun müssen. Wer die Lehren der Kirche glauben kann, ist glücklich zu schätzen; wer Zweifel hat, wird deswegen nicht verurteilt. Es ist ein Glaube ohne Risiko. Das kann bis zum Aberglauben gehen. Bei einigen Heiligen-Legenden sind selbst die Theologen im Zweifel, ob sie wahr sind. Trotzdem kann man sie sich erzählen, mehr oder weniger ernsthaft daran glauben und somit Kraft daraus ziehen. Hier geht es wie so oft in der weiblichen Welt um Gefühle. Wie Kinder erwidern wir die empfangene Liebe Gottes und fühlen ein Bedürfnis, uns nach den Wünschen unseres Beschützers zu verhalten. Wir befolgen Gottes Gebote aus Liebe und Dankbarkeit, nicht aus Angst vor Strafe.

Die sogenannte Gemeindearbeit wird bleiben und sogar wichtiger werden. Die Geistlichen und ihre Helfer werden die Menschen in allen Lebensbereichen unterstützen – tatkräftig und durch Beratung: durch Trost und Vermittlung von Kontakten, durch die sprichwörtliche „Speisung der Armen" und Hilfe bei Amtsgängen.

Die Frage nach dem Jenseits braucht in der weiblichen Welt nicht so detailliert beantwortet zu werden wie in der männlichen. In der männlichen Phase der Menschheit hatte man gewaltige theologische Gedankengebäude aufgetürmt, um die Aussagen über das Jenseits zu untermauern. Theologie wurde zu einer Wissenschaft. Das sollte überzeugend wirken. Das Gegenteil war der Fall. Die überkonstruierten Gedankengebäude wirkten inkonsistent und angreifbar. Manchmal ließ sich die Kirche auf die Argumentation ein und endlose Streitgespräche entstanden. Oft aber wurden die Ketzer einfach verbrannt. Das dunkle Kapitel der Inquisition gehört glücklicherweise der Vergangenheit an, kann aber immer noch als Mahnung dienen.

Heute sieht man die Fragen gelassener. Wie schon oft betont (Pease & Pease, 2002, S. 195), verhalten sich Männer zielorientiert, Frauen dagegen vorgangsorientiert. Im Kontext des Lebensverständnisses heißt das: Männer brauchen ein Ziel, auf das man hinarbeitet – das ist im Fall des Lebens das Jenseits. Gern wird unter Männern auch vom Sinn des Lebens gesprochen. Frauen brauchen das alles nicht. Sie sind vorgangsorientiert, tun das, was sie für richtig halten. Der Psyche der Frau folgend, sind ihre Beweggründe von der Liebe geprägt. Ist also der Sinn des Lebens in der weiblichen Welt die Liebe? Frauen würden es so nicht formulieren, aber für Männer mag es eine zulässige Antwort sein. Männer könnten ihr Leben darauf ausrichten. Frauen würdigen den Verlauf des Lebens, wie es ist. Das ist, was ihnen geschenkt worden ist, und sie sind dankbar dafür. Männer sind im Grunde undankbar: Sie sind mit diesem einen Leben nicht zufrieden, sondern wollen mehr: ein weiteres Leben, ein ewiges Leben nach dem Tod.

Die Ewigkeit kann ziemlich lang werden. Weder physisch noch psychisch ist der Mensch dafür geschaffen. Das ewige Leben ist eher ein Bild dafür, dass unser Leben Teil von etwas Größerem ist. Dieses Größere ist mit unserem menschlichen Verstand nicht zu erfassen.

In gewisser Weise ist es schon verständlich, dass man auf eine Art „Fortsetzung" hofft, aber so einfach wird es nicht sein. Diese Hoffung ist doch zu sehr auf den Aspekt der Zeit abgestellt. Unterscheidungen von „vor" und „nach" dem Tod sind anthropogen. Die Zeit hat nur für uns lebende Menschen Bedeutung. Das Raum-Zeit-Kontinuum ist ein unveränderliches Ganzes, eine große Harmonie, derer wir teilhaftig werden. Unsere Zeitlosigkeit in diesem Ganzen kann am ehesten mit einem Traum verglichen werden.

Der weibliche Ansatz wäre, im Diesseits Gutes zu wirken. Die Hoffnung bleibt dabei trotzdem bestehen, dieses „Gute" in die Zeitlosigkeit hinübernehmen zu können.

Eine theologische Begründung würde immer angreifbar bleiben. Daher verzichtet man darauf. In der weiblichen Welt geht man direkt auf die Archetypen des Göttlichen, der Erlösung und des Seelenheils zurück, ohne sich die Mühe zu machen, alles im Detail zu erklären. Die weibliche Stärke des Vertrauens hilft, sich in diese Hoffnung fallen zu lassen. Der Umgang mit unserer Sterblichkeit wird einfacher. Es bleibt nur die typisch weibliche Art, damit umzugehen: sich zu fügen und sich überraschen zu lassen.

Weitere Indizien für eine weiblich werdende Welt

Es gibt so viele weitere Anzeichen einer weiblich werdenden Welt, dass man sie kaum alle aufzählen kann. Aber es sollen noch ein paar weitere erwähnt werden. Nimmt man jedes für sich, mag es nicht schlüssig sein. Man kann es eventuell im Einzelfall auch anders interpretieren. Aber in der Summe ergeben diese vielen Anzeichen doch eine Indizienkette, die überzeugen dürfte.

Einiges wurde schon diskutiert. Nehmen wir zunächst noch dies hinzu: In der Altsteinzeit zerteilten und verwalteten die Frauen in der Höhle die erlegten großen Tierkadaver, also die Jagdbeute, die die Männer nach Hause gebracht hatten. Für die Männer war der Fall erledigt, wenn sie das Wild auf den Boden der Höhle warfen; die folgende Kleinarbeit blieb Sache der Frauen. Das könnte erklären, dass Männer dazu neigen, großzügig mit Gütern umzugehen, Frauen dagegen ökonomisch. Frauen versuchen, das Geld zusammenzuhalten, das den Männern nur so durch die Finger rinnt. So ist es oft noch immer in unserer Welt: Sparsamkeit ist weiblich. Die heute so populäre Geiz-ist-geil-Mentalität ist ein weiteres Anzeichen einer weiblicher werdenden Welt. Das ist nicht nur im Privaten so, auch bei Unternehmen stellen die Einsparungen einen der wichtigsten Punkte in der Bilanz dar. Selbst da herrschen heute schon weibliche Denkmuster!

Noch eins: Männer stehen unter einem kontinuierlichen Leistungsdruck, müssen konstant ihre Ergebnisse abliefern, während Frauen in Zyklen leben und schon aufgrund ihrer Menstruation Höhen und Tiefen zulassen müssen (Imdahl & Steeger, 2022, S.135ff). Das lässt sich in den Lebenskonzepten der männlichen und der weiblich werdenden Welt wiederfinden. Im Mittelalter verrichteten die Männer ihr ganzes Leben lang dasselbe Handwerk, das sie meist schon von ihren Eltern übernommen hatten, die Frauen saßen ihr ganzes Leben lang am Herd. Also eine gewisse Unveränderlichkeit.

Heute dagegen üben sich sowohl Männer als auch Frauen im Job-Hopping und bilden Patchwork-Familien. Beruf und Familie werden immer wieder gewechselt. Man lebt in Zyklen. Auch hier setzt sich die weibliche Lebensweise durch.

Zuweilen wird auch der Selbstzweifel als typisch weiblich gesehen (Imdahl & Steeger, 2022, S. 193). Lässt sich ein Selbstzweifel der Menschheit auch in der weiblich werdenden Welt identifizieren? In der Tat: René Descartes begründete im 17. Jahrhundert die Philosophie des Zweifels. Auch Francis Bacon entwickelte zu der Zeit ähnliche Gedanken. Dies könnte mit dem Weiblich-Werden der Welt in Verbindung gebracht werden, welche ungefähr ab 1500 ihren Anfang nahm.

Man könnte einwenden, dass Ansätze des cartesischen „Cogito ergo sum" sich auch schon früher finden. Das stimmt zwar, aber dann ist es sehr viel früher, nämlich bei Augustinus, der jedoch noch unter dem Einfluss der Antike stand und damit von der homosexuellen griechischen kollektiven Psyche geprägt gewesen sein dürfte. Die Homosexualität im antiken Griechenland wird noch zur Sprache kommen. Sie trägt auch weibliche Züge, was die frühen Selbstzweifel in der Philosophie erklären könnte. In der dazwischenliegenden heterosexuell männlich geprägten Philosophie des Mittelalters fehlten diese Gedanken und die Pseudogewissheit des Dogmatismus herrschte vor. Also passt auch das.

Der Wandel zur weiblichen Welt zeigt sich an den merkwürdigsten Stellen: sogar im Aberglauben. Hufeisen gelten schon seit dem Mittelalter als Glücksbringer. Im Mittelalter hängte man sie mit der Öffnung nach unten auf, seit dem Beginn der Neuzeit im 16. Jahrhundert mit der Öffnung nach oben (Lampert & Herrmann, 2022). Auch das lässt sich deuten. Ausgangspunkt ist: Frauen verwalteten in der Höhle die Beute, die die Männer von der Jagd mitgebracht hatten. Männer hingegen neigten dazu, sie gleich aufzuessen.

Nun kann man interpretieren, dass das nach unten geöffnete Hufeisen dafür steht, dass man das Glück über sich ausschütten, also genießen will, was männlich ist. Das in der weiblich werdenden Welt nach oben geöffnete Hufeisen symbolisiert dagegen, dass man das Glück erst einmal sammeln und bewahren will, was die weibliche Vorsorge reflektiert. Die wechselnde Symbolik zeugt also von einem Wechsel der kollektiven Psyche von männlich zu weiblich seit dem Ende des Mittelalters.

Wenn man schon beim Aberglauben ist, kann man auch gleich zum Weihnachtsrummel kommen. Bekannt ist, dass der 25. Dezember nichts mit Christi Geburt zu tun hat, sondern aus der römischen Kultur entlehnt ist, wo an diesem Tag der Sonnengott Sol Invictus gefeiert wurde. Das Fest wurde von der Kirche einfach neu interpretiert.

Richtig populär wurde Weihnachten erst in der weiblichen Welt. Es ist zu einem Fest der Frauen geworden. Das beginnt damit, dass eine Mutter-Kind-Szene im Zentrum steht. Das symbolisiert den menschlichen Wunsch nach Geborgenheit, wie nur eine Mutter sie geben kann. Viele weitere Symbole stützen die These von der weiblichen Weihnacht (Liegener C.-M., 2019b). Da findet sich z.B. der immergrüne Weihnachtsbaum, ein Symbol für das Überstehen des Winters und die weibliche Resilienz, die Christbaumkugeln, die wohl Äfpfel darstellen. Sie sollen jedoch nicht mehr an den Sündenfall erinnern, sondern an die Vorratshaltung für den Winter, was für lange Zeit Aufgabe der Frauen war.

Wie schon bei den Römern spielt auch das Licht in der Mitte des dunklen Winters eine Rolle – kein Wunder, feierte man doch bei den Römern zu dem Zeitpunkt die Wintersonnenwende. Sie ist Symbol der Aussicht auf wieder längere Tage und die Überwindung des Winters. Das weist auf noch ein weibliches Charakteristikum hin: das Ausharren, das geduldige Warten, gepaart mit der Widerstandsfähigkeit, die gebraucht wird, um den langen Winter zu überstehen. Für diese Eigenschaften stehen die Frauen, die die Tortur der Geburt überstehen können, die bei Krankheit nicht jammern wie die Männer, die den Haushalt verwalten und die Vorräte für den Winter anlegen.

Wenn also Weihnachten ein weibliches Fest ist, so ist die weltweit zunehmende Beliebtheit von Weihnachten ein Indiz für die weiblich werdende Welt. Zeitlich kommt es hin. Der erste Weihnachtsbaum im heutigen Sinn wird 1527 in Mainz dokumentiert. Ab dem 18. Jahrhundert verbreitet sich der Brauch immer weiter bis hin zum heutigen Hype.

Eigentlich gilt in den christlichen Kirchen, dass Ostern das wichtigere Fest sei als Weihnachten. Warum ist dann Weihnachten bei der Mehrheit der Menschen beliebter? Auch das liegt am Weiblich-Werden der Welt. Es sind nicht nur die Symbole, die Weihnachten beliebter machen. Osterhasen und Ostereier gibt es doch schließlich auch, aber die Weihnachtssymbole sind beliebter. Unter archetypischen Gesichtspunkten ist die Sache klar: Ostern ist das Fest der männlichen Seite Gottes – Selbstzerstörung mit Blut, Wunden, Folter, Tod am Kreuz, gefolgt von Triumph. Weihnachten betont dagegen die weiblichen Aspekte der Religion: Geburt, Mütterlichkeit, Fürsorge, Wärme, Heimeligkeit und eine auf Dauer angelegte Hingabe. Es scheint so, dass Tod und Wiedergeburt ein männliches Bild darstellen, Überwintern ein weibliches. Es handelt sich um den Gegensatz von gewaltsamem Tod auf der männlichen und duldsamem Überleben auf der weiblichen Seite. Heute ist Letzteres beliebter.

Die heutige Art, Weihnachten zu feiern, hat sich in der ganzen Welt durchgesetzt – nicht nur bei Christen. Es wird immer mehr ein weltverbindendes stimmungsvolles Fest. Die Gerüche – Tannennadelduft und ein Hauch von Weihnachtsplätzchen und Christstollen – verbunden mit dem Kerzenlicht in der Dunkelheit lassen uns eintauchen in jenes kollektive Gefühl der

Geborgenheit, das wir gemeinsam mit unseren Familien feiern, so dass es Erinnerungen an unsere Kindheit weckt, Erinnerungen, die uns unter die Haut gehen. Die Pflege von Harmonie und Gemeinschaft war schon immer Frauensache. Jetzt gestaltet die weibliche Seite der Menschheit dieses schöne Fest der Weihnacht.

So viel zu diesem Fest und zurück zu den Indizien für eine weiblich werdende Welt.

Ein unbedeutendes, aber amüsantes weiteres Indiz möge noch genannt werden. Es beruht auf folgendem Gedanken: Ältere Menschen essen von einem Teller zuerst das Beste, Kinder heben sich das Beste für den Schluss auf. Woran liegt das? Ältere Menschen stehen vor dem Ende ihres Lebens und wollen vor dem Ende, das jederzeit kommen kann, noch schnell das Beste mitnehmen. Kinder haben ihr ganzes Leben noch vor sich und können es sich leisten, das Beste für später aufzuheben und die Vorfreude auszukosten. Merkwürdig: Die Verhaltensweise der Kinder ist die weibliche (die ökonomische), die der älteren Leute die männliche (die verschwenderische). Wir haben also die Korrelation kindlich-weiblich und alt-männlich. Heißt das nun, dass die Menschheit die letzten zehntausend Jahre, da sie männlich war, ihre Altersphase erlebt hat und jetzt stirbt? Andererseits wird sie jetzt weiblich, wählt die ökonomische Verhaltensweise, schont die Umwelt für später und hätte demnach ihr Leben noch vor sich. Erfüllt das jetzige Weiblich-Werden damit die Funktion eines Jungbrunnens für die Menschheit? Ich würde das gern glauben, aber es ist nur eine Spekulation, wenn auch eine schöne.

Es gibt weitere Indizien für eine weiblich werdende Welt. Wenn man abstrahieren möchte, kann man in unserer Gesellschaft einen allgemeinen Wertewandel beobachten, auf den Inglehart aufmerksam gemacht hat (Inglehart, 1995). Dieser Wertewandel hat sich in den 60er und 70er Jahren des 20. Jahrhunderts besonders klar herauskristallisiert und äußert sich darin, dass sich der Schwerpunkt dessen, was den Menschen wichtig ist, von materialistischen zu postmaterialistischen Werten verschiebt.

Materialistische Werte bezeichnen solche wie körperliches Wohlergehen, Sicherheit und Unversehrtheit – eben Werte, die die materielle Welt, die pure Existenz betreffen. Es sind Werte, an denen sich vor allem Männer orientieren. Sie mussten die handfesten Kämpfe zur Sicherung des Stammes austragen, seine Existenz sichern.

Postmaterialistische Werte hingegen sind solche, die über das Existenzielle hinausgehen und stattdessen die Lebensqualität betreffen: Glück, Gesundheit, Geselligkeit, Kultur. Also Werte, die das betreffen, was man nicht anfassen kann. Es sind Werte, um die sich hauptsächlich die Frauen kümmern, die einfachen, die „kleinen" Dinge des Lebens. Die kleinen und einfachen Dinge dürfen nicht unterschätzt werden, aber sie sind im Allgemeinen nicht existenziell, sie betreffen eher eine Art Luxus. Frauen machten die Höhle wohnlich, versorgten die Verwundeten, zogen die

Kinder auf und verwöhnten ihre Männer. Frauen kümmern sich also um die postmaterialistischen Werte. Damit verschiebt sich die die Wichtigkeit von männlichen zu weiblichen Werten. Somit kann der Wertewandel der 60er und 70er Jahre als ein weiteres Symptom für einen Wandel der Menschheit von männlich zu weiblich angesehen werden.

Noch ein bekannter Unterschied zwischen Frauen und Männern gehört in den Zusammenhang: Aufgrund ihres kräftigeren Körperbaus, eine Folge der höheren Testosteronausschüttung, sind Männer physisch leistungsfähiger als Frauen, was sich im Sport zeigt (Hoppeler, Lüthi, Claassen, Weibel, & Howald, 1973). Infolgedessen setzte man in der Vergangenheit Männer für die körperlich schweren Arbeiten ein. In unserer heutigen Welt haben wir für die schweren Arbeiten Maschinen konstruiert, während die Menschen nur noch die Maschinen bedienen müssen. Folglich ist die männliche Kraft überflüssig geworden und damit die Wichtigkeit des Mannes auf andere Fähigkeiten als seine körperliche Stärke reduziert worden. In immer mehr entscheidende Positionen können nun Frauen vorrücken. Noch entspricht die Wertigkeit der Positionen nicht der Bedeutung der Frauen. Es muss nachgeholfen werden. Immer noch gibt es ein Gender-Gap beim Gehalt. Gesetzlich ist die Gleichberechtigung von Frau und Mann eigentlich bereits geregelt. Sie muss nur noch durchgesetzt werden. Quotenregelungen versuchen, diese Regeln in der Praxis umzusetzen.

Da wird allerdings manchmal zu vereinfachend gedacht und an den Symptomen kuriert, anstatt das Problem zu lösen. Beruflicher Erfolg und hohe Bezahlung ist für Frauen nicht das Entscheidende. Susan Pinker schreibt: „Wenn es der Mehrheit der Frauen wichtiger ist, altruistische oder gesellschaftsverändernde Ziele zu verfolgen, als um den höchsten Gehaltsscheck zu konkurrieren, ist das Arbeitsmodell des extremen Mannes für sie ungeeignet" (Pinker, 2008, S.335-336). Der Weg besteht also nicht nur darin, die männliche

Arbeitswelt für Frauen zugänglich zu machen, sondern vor allem darin, eine weibliche Arbeitswelt zu schaffen. Damit wird bereits begonnen.

In der fortgeschrittenen weiblichen Welt wird das Problem gelöst sein. Es wird Kommunismus herrschen (was noch zu zeigen sein wird) und die Arbeitenden werden leisten, was sie können, nicht für einen Lohn, sondern weil es ihnen Spaß macht.

Suchen wir nach weiteren Indizien für eine weiblich werdende Welt. Früher wurde der Wert eines Menschen durch seine Leistung definiert – typisch männlich; denn für Männer entscheidet Leistung (Frerichs, 1997, S.130). Heute zählt die soziale Kompetenz – Domäne der Frauen. Individuelle Charakterzüge werden wichtiger, als ein Rädchen im Getriebe zu sein. Männer mussten funktionieren, Frauen konnten schon immer ihre Individualität ausleben. Im Zuge des Weiblich-Werdens der Welt wird Individualität deutlich wichtiger. Im 19. Jahrhundert kommt mit dem

Weiblich-Werden der kollektiven Gesinnung der bekannte Spruch auf: „Sei du selbst!", belegt bei Friedrich Nietzsche und Oscar Wilde. In der Kunst wird der Drang nach immer mehr Individualität inzwischen manchmal sogar übertrieben. Dazu später mehr.

Eine weitere weibliche Eigenschaft ist die Toleranz. Toleranz nimmt in unserer Welt zu. Die Toleranz der Frauen hat einen Grund. Er liegt abermals in unserer tierischen Vergangenheit. Wenn die Männchen ihre Hahnenkämpfe ausgefochten hatten, mussten die Weibchen den Siegern zur Verfügung stehen. Da gab es keine Zimperlichkeit. Weibliche Tiere hatten im Lauf der Evolution gelernt, sich in die Situation zu fügen. Männer mögen aufopfernder beim Handeln sein, doch Frauen sind härter im Nehmen. Diese Fähigkeit wird beim Menschen fortbestanden haben und den Frauen in den vergangenen Jahrhunderten geholfen haben, manch unerträgliche Lebenslage zu meistern. So hat sich eine weibliche Leidensfähigkeit entwickelt, aus der Toleranz entstand, die Duldung anderer als der eigenen Vorstellungen.

Diese weibliche Stärke äußert sich inzwischen in der weiblich werdenden Welt in einer größeren Toleranz der Gesellschaft gegenüber Andersdenkenden. Daraus folgt unter anderem die Möglichkeit, heute (fast) jedwede Form der sexuellen Partnerschaft frei auszuleben. Insbesondere bei homosexuellen und queer Beziehungen sind gewaltige Fortschritte zu verzeichnen. Das war vor hundert Jahren noch nicht der Fall und kann dem Übergang zu einer weiblichen Welt zugeschrieben werden.

Tolerant ist auch der Umgang mit der Kleiderordnung geworden. Ursprünglich hatte die patriarchalisch geprägte Gesellschaft die Verhüllung der Frau erzwungen. Der Besitzanspruch der Männer an ihren Frauen beinhaltete, dass deren Reize nur von ihren Ehemännern und Verwandten gesehen werden durften. Vom Schleier spricht schon das Gilgamesch-Epos. Später ist eine mehr oder weniger starke Verhüllung von verschiedenen Religionen verlangt worden, unter ihnen auch das Christentum und der Islam. Nicht allen Frauen hat das gefallen, aber wohl einigen – es war individuell unterschiedlich. Der Zwang zum Schleier ist in den meisten Religionen inzwischen gefallen. Toleranz greift auch hier um sich.

Als in den 60er Jahren die Röcke kürzer wurden, löste das Begeisterungsstürme bei vielen Frauen aus. Sie empfanden Befreiung, nicht Demütigung. Wer nicht mitmachen wollte, brauchte nicht. Niemand wurde gezwungen. Auch hier hatte sich in Kleidungsfragen Toleranz durchgesetzt.

Noch einmal zurück zu einer schon erwähnten Gender-Charakterisierung des Ehepaars Pease (Pease & Pease, 2002, S. 195): Männer gehen zielorientiert vor, Frauen handeln vorgangsorientiert. Mit anderen Worten, Männer wollen ihre Aufgabe schnell erledigen und dann ruhen, Frauen wollen mit ihrer Arbeit die Zeit strukturieren. Bei unseren in Höhlen hausenden Vorfahren hieß das für die Männer: Unter kurzfristiger Aufbietung aller Kräfte das Wild zu erlegen und dann die Kräfte zu regenerieren, während die Frauen alles andere erledigten: Zubereitung des Wildes, Beaufsichtigung des Feuers, das Kümmern um die Kinder, Herstellung von Kleidung usw. Sie mussten Multi-Tasking beherrschen – im Gegensatz zu den Männern.

Dass wir uns jetzt in einer Phase befinden, wo man eher vorgangsorientiert vorgeht, wo also der Weg wichtiger ist als das Ziel, spiegelt sich in einem geläufigen Ausspruch wider: „Der Weg ist das Ziel". Es mag amüsieren, dass letzterer Ausspruch nicht nur Lao-Tse, sondern auch Konfuzius zugeschrieben wird. Von beiden gibt es chinesische Textstellen, die, obwohl verschieden, angeblich bei sehr freier Übersetzung in der obigen Form wiedergegeben werden können. Der deutsche Ausspruch hat sich wohl mit der Konnotation, altchinesischen Ursprungs zu sein, erst in den siebziger Jahren des vergangenen Jahrhunderts, also in der weiblich werdenden Welt gebildet. Hier zeigt sich auf subtile Art das Weiblich-Werden der Welt.

In einer weiblichen Welt der Zukunft wird vieles automatisiert sein und wir werden immer mehr Freizeit haben. Das Bedürfnis, diese mit produktiven Tätigkeiten zu füllen, wird nachlassen. Stattdessen werden wir mehr spielen und uns unterhalten lassen. Die Spiele, die gespielt werden, wandeln sich: Männliche Konkurrenzspiele wie „Mensch ärgere dich nicht" werden seltener, weibliche Team-Spiele wie Escape-Rooms werden häufiger.

Der Bedarf an Unterhaltungsangeboten wird zunehmen. Fernsehen wird verbessert werden, interaktiv werden, dreidimensional und bewertbar. Dabei werden Sitcoms im Fernsehen und der Gebrauch der Social Media zunehmen. Frauen wollen das Familiäre. Spielfilme werden qualitativ schlechter: Nicht mehr Qualität ist gefragt, sondern Quantität, um die steigende Nachfrage zu bedienen. Filme werden gestreckt und zu Mehrteilern gemacht. Alles wird immer mehr ausgewalzt. Ist es nicht typisch weiblich, in Gesprächen jeden Klatsch genüsslich breitzutreten? Man möge mir verzeihen, aber ich muss an Kaffeekränzchen denken. Es war doch schon in den Höhlen so: Die Frauen hatten Zeit, sich zu unterhalten, während die Männer bei der Jagd schweigen mussten, um das Wild nicht aufzuschrecken. Mit anderen Worten: Reden ist weiblich, Schweigen ist männlich. Das bekannte Sprichwort „Reden ist Silber, Schweigen ist Gold" stammt wohl noch aus der männlichen Phase der Menschheit. Heutzutage gilt es nicht mehr. Sowohl Männer wie Frauen reden viel und gerne. Das ist weiblich und es ist nützlich.

Früher erfolgreiche Spielfilme werden neu nachgemacht und kommen in der Qualität nicht im Geringsten an die Originale heran. Aber sie sind neu. Darauf kommt es an. Neu und modern muss alles sein. Auch das ist weiblich: „Während wir Männer schnell zufrieden sind und beim Erreichen einer gewissen Zufriedenheit auch keinen Anlass sehen, etwas zu ändern, sind Frauen immer auf der Suche nach etwas Neuem, etwas Besserem, etwas anderem." (Barth, 2020, S 61). Außerdem muss das Fernsehen Publicity bieten und Glamour. Frauen mögen so etwas. Schon in der Altsteinzeit schmückten sie sich, um den Männern zu gefallen, und gestalteten die Höhle angenehm aus. Auch heute noch wollen sie mit ihrem Heim glänzen. Glanz und Bling-Bling soll sie umgeben. Alle Mädchen wollen Prinzessinnen sein, alle Frauen wollen bewundert werden. Daraus folgt in der weiblich werdenden Welt: Shows sind gefragt, unbedingt mit VIPs und solchen, die es gerne wären und die dann durch Fernsehen und Internet tatsächlich bekannt werden, ohne etwas geleistet zu haben. Pseudo-VIPs überall. Im Film werden Influencer und Laiendarsteller die in Wirklichkeit besseren Schauspieler ersetzen.

Das Schönheitsideal wird sich am Alltäglichen orientieren, nicht mehr an männlichen Wunschprojektionen von der idealen Frau. Das dürfte alle Frauen trösten, die nicht wie eine Barbie-Puppe aussehen: In Zukunft wird es vermehrt um die inneren Werte der Frauen gehen, im normalen Leben wird die Frau sich so kleiden, dass sie sich wohlfühlt. Trotzdem werden die Frauen weiterhin Freude daran haben, sich zu schmücken. Nur wird das Schönheitsideal nicht mehr das von Männern erträumte sein, sondern eins, das von der natürlichen Schönheit der Frau ausgeht. Kosmetik wird dazugehören und sogar Männer werden sie häufiger einsetzen. Der neuzeitliche Begriff „metrosexuell" wurde dafür geprägt.

Unzählige Kochsendungen boomen bereits jetzt. Eigentlich ist Kochen seit der Steinzeit eine weibliche Domäne, aber derzeit drängen sich auch viele männliche Köche in den Vordergrund. Weiblich ist die Entwicklung trotzdem.

Immer mehr breiten sich auch Seifenopern aus. Ursprünglich für Hausfrauen konzipiert, werden sie heute von fast allen gesehen. Auch das ist eine Entwicklung zum Weiblichen.

Auch die gesellschaftlichen Organisationsformen der Menschheit sind in einem Wandel begriffen. Schon erwähnt wurde, dass Hierarchien von Männern errichtet werden, Netzwerke dagegen eine Domäne der Frauen sind (Schwarz, 2007, S.235). Die bisherige männlichen Welt war geprägt von Hierarchien. Sie bestimmten die Regierungsformen.

In der weiblich werdenden Welt werden Autokratien immer öfter durch Demokratien ersetzt werden. Leider hat sich dieser Prozess noch nicht allgemein durchgesetzt. Zu schwer wiegt das Erbe der Vergangenheit, zu wenig ist die Struktur einiger Staaten dafür bereit. Zu sehr drücken vielerorts die materiellen Sorgen und stärken die Mächtigen, die über die Ressourcen entscheiden. Aber mit zunehmendem Wohlstand wird es kommen! Der Wohlstand ist eine Voraussetzung und damit auch ein Gradmesser für den Fortschritt des Weiblich-Werdens der Welt. Das erklärt auch, warum wir in den westlichen Ländern weiter darin fortgeschritten sind.

Hierarchien begegnen uns leider noch immer viel zu oft. Selbst in Demokratien sind die Parteien selbst meist noch hierarchisch organisiert. Das kann dazu führen, dass Personen zu Spitzenkandidaten ernannt werden, die von der Bevölkerung gar nicht dafür gewollt sind. In unseren heutigen Parteien bleibt dann nur die Möglichkeit, dass die Kandidaten freiwillig darauf verzichten, die Partei mit sich in den Abgrund zu reißen. Joe Biden hat das getan – allerdings sehr spät. In Deutschland gibt es ähnlich gelagerte Fälle, wo die Einsicht gefehlt hat. 2021 war Laschet von der Union zum Kanzlerkandidaten ernannt worden. Nach Umfragen war jedoch abzusehen, dass die Union mit Laschet (CDU) die Wahl verlieren würde, mit Söder (CSU) aber eine Chance auf Sieg hätte. Von wegen Schwesterparteien! Laschet und die CDU weigerten sich zurückzustecken und man ging gemeinsam unter: Die gesamte Union verlor die Wahl. Eigene Interessen eines Teils der Gemeinschaft wurden über die gemeinsamen Interessen gestellt und damit alles verloren. Das ist nicht demokratisch.

Ein weiteres Beispiel: 2024 war Scholz Umfragen zufolge der unbeliebteste Politiker der Republik, nachdem er als Kanzler mit seiner Politik gescheitert war. Gleichzeitig galt sein Parteigenosse Pistorius als der beliebteste Politiker Deutschlands. Es gab also Alternativen. Trotzdem wurde Scholz von der SPD als Kanzlerkandidat aufgestellt. Der Grund: Er wollte nicht verzichten und seine Machtposition in der

Parteihierarchie konnte nicht angetastet werden. Man hatte nichts dazugelernt. Entsprechend ging es dann auch aus. In einem beispiellosen Absturz fiel die SPD 2024 auf das schlechteste Wahlergebnis in der Geschichte der Bundesrepublik. Der Schaden für Scholz wurde nicht mehr größer, als er vorher schon war, aber der Schaden für die SPD war immens. Hier hatte die hierarchische Stellung eines Parteimitglieds der ganzen Partei geschadet.

So ist es immer wieder: Unbeliebte Politiker werden als Kandidaten aufgestellt und Wahlen werden verloren. Der richtige Weg wäre, vor der Ernennung der Spitzenkandidaten immer eine gründliche Recherche über die Beliebtheit der möglichen Kandidaten in der Bevölkerung durchzuführen und sich danach zu richten. Dann würden die Parteien durch Sympathieträger vertreten und die Wähler würden sich nicht mehr beklagen, dass sie auf dem Wahlzettel niemanden finden, den sie wählen möchten. Die Wahlbeteiligung würde steigen. Das wäre demokratisch. Leider sind wir noch nicht soweit. Noch herrscht auch hier oft Kungelei, gestützt auf Hierarchien.

Ferner finden sich Hierarchien in mannigfachen Geheimbünden – von der Mafia bis zu esoterischen Gesellschaften. Die Rangordnungen werden durch Geheimhaltung geschützt. Es ist noch schlimmer: Selbst im privaten Bereich wird durch Sozialisation alles hierarchisch gegliedert. Reicht die natürliche Organisation von Familie und Freunden nicht?!

Wie viel Leid schon durch Hierarchien verursacht wurde! Dazu gehören nicht nur die Machtkämpfe um den Platz in der Hierarchie, sondern auch die Qualen derer, die das strenge Reglement der Hierarchien nicht aushalten. Es ist ja auch barbarisch: Die Hierarchie steht über allem. Selbst wenn das wohl für ihre Aufrechterhaltung notwendig ist, hat es doch seine Nachteile. Das Wort des Ranghöheren zählt mehr als der gesunde Menschenverstand. So etwas erträgt nicht jeder.

Dabei hat sich sicher jeder schon einmal geärgert, wenn er von seinem Chef einen sinnlosen Auftrag bekommen hat und sich nicht dagegen wehren konnte. Das wird in der weiblichen Welt aufhören. Chefs wird es nicht mehr geben – überhaupt niemanden, der einem etwas zu sagen hat. Auch von staatlicher Seite nicht. Teams werden in Gesprächen Lösungen suchen, die von allen getragen werden können.

In der weiblichen Welt kann man erwarten, dass Hierarchien überall verschwinden werden. Haben sie bisher unser Leben bis in den hintersten Winkel durchdrungen, so wird bald Freiheit einkehren. Die Fähigkeit der Frauen, über alles zu reden und Spaß daran zu haben, wird dazu führen, dass die Geheimniskrämerei der Seilschaften überflüssig werden wird.

Seine Stellung wird der Mensch nicht mehr durch erpresserische Macht festigen, sondern durch in langer Zeit aufgebaute Gewohnheit. Der Rückzug der Menschheit aus den Hierarchien ist im Prinzip möglich. Es gibt bereits jetzt Menschen, die ohne

Hierarchien leben. Ein Beispiel sind die Hikikomori in Japan, die jegliche Sozialisation ablehnen. Es wird in Zukunft mehr Phänomene dieser Art geben.

Die Verdrängung des real existierenden Sozialismus durch die demokratische Marktwirtschaft war schon als ein Symptom des Weiblich-Werdens der Welt angesprochen worden. Sie ist trotzdem etwas überraschend, und zwar deshalb, weil der real existierende Sozialismus neben den männlichen auch schon weibliche Züge trug. Ein Kennzeichen des Kommunismus sollte doch sein, dass keiner durch seine Leistung den anderen überholen sollte. „Jeder nach seinen Fähigkeiten, jedem nach seinen Bedürfnissen", hieß es in der sowjetischen Verfassung von 1936. Das bedeutete eine Abkehr von der männlichen Fixierung auf Leistung. Besonders Männer neigen zu einer Überbewertung von Leistung (Frerichs, 1997, S.130). Im Gegensatz dazu stand schon immer die soziale Ader der Frauen.

Weibliches Denken führt zu Fürsorge für die Schwachen und Vergemeinschaftung des Besitzes. Frauen teilen gern. In einer weiblichen Welt wäre der Sozialismus oder der Kommunismus die ideale Gesellschaftsform.

Insofern war der real existierende Sozialismus bereits ein erster Schritt in Richtung auf eine weibliche Welt. Das wird später noch vertieft werden. Leider hatte der real existierende Sozialismus noch zu starke männliche Züge behalten, nämlich durch seine diktatorische Natur und die Planwirtschaft. Die Planwirtschaft war zentralistisch statt netzwerkartig. Das ist ein männliches Charakteristikum. Ob die Diktatur des Proletariats seinerzeit wirklich notwendig war, mag umstritten sein. Sie kann zur Durchsetzung des Sozialismus notwendig gewesen sein. Zu seiner Aufrechterhaltung sollte sie eigentlich nicht mehr gebraucht werden. Jedenfalls ist die Diktatur eine männliche Herrschaftsform und führte zu Abwehrreaktionen und schließlich zum Untergang dieser Gesellschaftsform.

In einer weiblichen Welt könnte man erwarten, dass die sozialistische Philosophie in einer demokratischen Form verwirklicht wird. Das harmonische Zusammenleben der Menschen ohne Hierarchien entspricht einem weiblichen Wunschtraum und wird wohl kommen. Ob diese zukünftige Gesellschaftsform dann tatsächlich „demokratischer Sozialismus" genannt werden wird oder ein anderer Name dafür gefunden wird, lässt sich nicht vorhersagen und ist auch nicht wirklich wichtig.

Ein philosophischer Überbau wird nicht mehr notwendig sein. Die Anmaßung der Wissenschaft, ein Modell der ganzen Welt zu kontruieren, war noch der männlichen Welt geschuldet. Die neue Gesellschaftsform braucht nicht mit Gewalt durchgesetzt zu werden. Die weiblich werdende Welt wird sich ganz sanft entwickeln, weil sie der kollektiven Psyche entspricht.

Es gibt noch mehr Indizien für eine weiblich werdende Welt: Insbesondere Kunst spiegelt die Gesellschaft und ihren Wandel wider. Nehmen wir die Gemälde! Über viele Jahrhunderte – von der Antike bis zum Mittelalter – wurde in der Malerei Wichtiges und Allgemeingültiges als Motiv gewählt: biblische Szenen, Götter- und Sagengestalten, Portraits hochstehender Persönlichkeiten, gestellte Szenen aus dem Leben des Adels, Allegorien, Brauchtum, große Landschaften. Das Allgemeine, Wichtige und Große ist Sache des Mannes. Diese Kunst spiegelte eine männliche Menschheit wider.

Im 16. Jahrhundert begannen die Bruegels und Lucas von Leyden, Alltagsszenen im bäuerlichen Milieu darzustellen, die menschliche Schwächen aufzeigen sollten. Noch war der erhobene Zeigefinger des Mannes zu erkennen. Die nachfolgende Genremalerei in den Niederlanden des 17. Jahrhunderts stellte zwar schon die Lebenswelt dar, aber man bevorzugte die der höheren Schichten, wenn auch die Bediensteten inzwischen dazugehörten. In der Romantik am Ende des 18./Beginn des 19.

Jahrhunderts bekam die Kunst mit der Darstellung von Gefühlen erstmals einen weiblichen Touch. Es schloss sich der Realismus an. Alltägliche Szenen einfacher Leute wurden Gegenstand der Kunst. Man wollte ihre Wirklichkeit darstellen, wie sie tatsächlich war. Mit dem Übergang zum Biedermeier wurde diese Wirklichkeit zum Idyll, aber wieder ging es um die kleinen Leute, das kleine Glück. Im Impressionismus wurde schließlich der flüchtige Augenblick entdeckt, im Gegensatz zum bedeutungsschwangeren Moment. Der Blick für das „Kleine", das Persönliche, das Flüchtige, das Konkrete ist Frauensache. Einen neuerlichen Gefühlsausbruch gab es im Expressionismus. Man hätte damals schon denken können, die Kunst spiegele nunmehr eine weibliche Menschheit wider.

Aber nein, die Männlichkeit meldete sich teilweise für eine gewisse Zeit noch einmal zurück. Es kam zur klassischen Moderne. Das Einreißen überkommener Formen, um sich selbst als Neuerer darzustellen, kennzeichnete diese Kunstform. Selbstherrlichkeit und Narzissmus paarten sich mit destruktiver Kreativität und zwanghafter

Neuerungssucht. Es kam zur Diktatur des Neuen: Neu musste alles sein – das war ein Zwang, dem sich keiner entziehen konnte, der Erfolg haben wollte. Da trat einerseits noch einmal der archetypische Mann in Erscheinung – der selbstherrliche Zerstörer, dem schließlich die Selbstzerstörung drohte: Nachdem die alten Formen hemmungslos über Bord geworfen worden waren, ohne an ihre Stelle neue Formen zu setzen, drohte der Kunst der Verlust ihres Selbstverständnisses. Form und Inhalt sind beide wichtig für ein Kunstwerk. Hier tobte sich die männliche Manifestation der Menschheit noch einmal aus. Andererseits war bereits festgestellt worden, dass der Drang zum Neuen typisch weiblich ist (Barth, 2020, S 61). Die kollektive Psyche wollte das Neue. Sie wollte weiblich werden.

Interessanterweise waren die „Macher“, die Individuen, die die Kunst schufen, in der Mehrzahl Männer. Man darf die kollektive Psyche nicht mit den Individuen verwechseln. Der Drang zur Individualität spricht ebenfalls für eine weibliche kollektive Psyche – dagegen das Destruktive für das Männliche. Die Beschreibung dieser

Kunstform hört sich negativ an. Das ist aber gar nicht so gemeint. Der Mann in der männlichen Welt hat das Potential zum Besonderen. Er kann Großes schaffen. Das wurde mit der weiblichen Neuerungssucht kombiniert. Die klassische Moderne hat trotz aller Kritikpunkte wunderbare Kunstwerke hervorgebracht, die keiner missen möchte. Das soll aber nicht den Blick für eine kulturpsychologische Einordnung dieser Phase verstellen. Tatsächlich muss sie als ein Rückschritt beim Weiblich-Werden der Welt angesehen werden. Unbehagen und Kritik an jener Ausprägung der Kunst blieben nicht aus. Die Zeit war reif.

Die Postmoderne überwand das Despotische, das der Moderne innewohnte. Im Gegensatz zu einem einzigen vorherrschenden Programm wurde nun Heterogenität zugelassen. Der Zwang, immer etwas „Neues" zu präsentieren, wurde zurückgenommen. Stattdessen wandte man sich dem Vorhandenen zu, zitierte ausgiebig, setzte Bekanntes in andere Kontexte, kam auf das Prinzip der Collagen zurück, betonte Vielseitigkeit, Facettenhaftigkeit. Ausgangspunkt war die Erkenntnis, dass die Welt nicht vollständig erfassbar ist, dass man sich ihr nur durch verschiedene „Erzählungen" von verschiedenen Seiten annähern kann, Erzählungen, die miteinander inkompatibel sein können. So entstand ein Relativismus der Annäherungen an die Welt. Toleranz musste Grundprinzip werden, damit eine solche Pluralität existieren konnte, damit man mit ihr umgehen konnte. Hier fand die Menschheit zu ihrer Weiblichkeit zurück. Dabei klingen Analogien zu den „inkommensurablen Observablen" der Quantenmechanik an sowie zu Kuhns (Kuhn, 1976) und Feyerabends (Feyerabend, 1963) epistemologischen Aussagen über inkommensurable Theorien, die sich auch mathematisch fassen lassen (Primas, 1981).

Die Akzeptanz der Heterogenität bedeutet ein Eingeständnis der eigenen Unfähigkeit, zu allgemeingültigen Aussagen zu kommen, eine Einsicht in die eigene Endlichkeit. Wie bei der Quantenmechanik weist das auch bei der Kunst auf einen weiblichen Zeitgeist hin. In der Anerkennung von Grenzen, der Ausprägung von

Toleranz, Offenheit und Kommunikationsbereitschaft werden in der Postmoderne weibliche Tugenden betont. Die Heterogenität der Sichtweisen zieht nach sich, dass nicht mehr Autoritäten, graue Eminenzen über die Qualität von Kunst entscheiden. Demokratische Mechanismen greifen stattdessen. Man erhebt nicht mehr Anspruch auf eine allgemeingültige Wahrheit: „Kunst ist Magie, befreit von der Lüge, Wahrheit zu sein." (Theodor W. Adorno)

Die Kunst hat beim Übergang zu einer weiblichen Welt mit Rückschlägen zu kämpfen gehabt, die aber Neues zutage gebracht haben. Die Entwicklung erstreckte sich über Jahrhunderte, wobei Vor- und Rückschritte sich abwechselten.

In einer weiblichen Welt wird es selten den großen „Überkünstler" geben, wie es in der Moderne noch der Fall war. Jede/jeder, der Kunst machen will, kann sich einbringen und wird ermutigt. Das gemeinsame Erleben und Gestalten werden im Mittelpunkt stehen, nicht der Persönlichkeitskult. Gemischte Teams von Frauen und Männern werden neben schönen

Kunstwerken nützliche Designs schaffen. Musik wird zum gemeinsamen Erlebnis, aber auch zur wohltätigen Veranstaltung. Die Brücke zum Gesellschaftlichen wird geschlagen.

Auch die Art, wie Literatur geschrieben und vertrieben wird, hat sich gewandelt (Liegener, 2017b, Vorwort). Die Zeit der großen Dichterfürsten ist vorbei. Kleine, schnelllebige Werke werden in großen Mengen produziert und über moderne Medien kommuniziert. Der Impact ist wichtiger als theoriegeladene Qualitätsstandards. Ein breites Feedback beeinflusst wiederum die Werke.

Es handelt sich dabei um einen Übergang von zentralistischen Hierarchien zu netzwerkartigen Strukturen im Literaturbetrieb. Eine ganz neue Art von Aktivität entsteht. Bekanntlich bauen Männer Hierarchien, Frauen knüpfen Netzwerke. So kann auch in diesem Bereich ein Weiblich-Werden der Organisationsform beobachtet werden

An noch einer Stelle äußert sich im Umgang mit Literatur das Weiblich-Werden der Welt. Frauen sind statistisch gesehen um Längen kommunikativer als Männer. Während Männer früher im stillen Kämmerlein über ihren Texten brüteten, haben Frauen ihre Gedanken schon immer gern mit anderen geteilt. Dieses Teilen von geistigen Ergüssen ist nunmehr Teil unserer Kultur geworden, nicht nur in den sozialen Netzwerken des Internets. Dieser Trend hat seine Ursache nicht darin, dass heute vermutlich mehr Frauen literarisch aktiv sind als Männer (bei Lyrik könnte das sogar wirklich der Fall sein), sondern darin, dass sich das kollektive Bewusstsein gewandelt hat. Es ist inzwischen „in", seine Texte der Öffentlichkeit zugänglich zu machen.

Männer verhalten sich zielorientiert, Frauen vorgangsorientiert (Pease & Pease, 2002, S. 195). Das wird sich auch in der Literatur zeigen. Es wird in Zukunft weniger um das große Ganze gehen, um Ziele, als um die konsumgerechte Ausgestaltung im Detail, um das Gestalten. Nicht die eine wichtige Botschaft soll übermittelt werden, sondern der Leser soll auf ein Gefühl eingestimmt werden. Anfänge zeigen sich schon bei der Comedy.

Noch ein Schlagwort: Männer lügen und Frauen durchschauen sie. So sagt man gern. Allan und Barbara Pease stellten fest, dass Frauen und Männer zwar statistisch gleich viel lügen, aber Männer öfter ertappt werden als Frauen (Pease & Pease, 2002). Daher die Fehleinschätzung. Die sozialen Antennen einer Frau scheinen sie zu befähigen, jede männliche Lüge im Ansatz zu erkennen und mit Leichtigkeit zu entlarven. Wenn das auf die weiblich werdende Menschheit zutrifft, so wird sie in Zukunft all die Lebenslügen ihrer männlichen Vergangenheit zum Einsturz bringen und keine neuen mehr zulassen.

Manche Lügen der Vergangenheit dienten sowieso nur dazu, Zeit zu gewinnen, und brachen dann in sich zusammen (Walter Ulbricht: „Niemand hat die Absicht, eine Mauer zu bauen"). Bei anderen hoffte der Urheber, dass sie tatsächlich geglaubt werden würden, was dann doch nicht eintrat (Bill Clinton: „I did not have sexual relations with that woman"). Wieder andere mussten als Kriegsvorwand herhalten wie die Behauptung von der Bedrohung durch Massenvernichtungswaffen im Irak (US-Administration, heute will keiner verantwortlich gewesen sein). Abermals andere wuchsen sich zu Affären aus: Watergate, NSA, Flick, Barschel usw. Lügen in der Politik sind so häufig geworden, dass sogar die Hypothese aufgestellt wurde, dass sie zum Spiel dazugehören, dass gekonntes Lügen in der Politik als Tugend aufgefasst werden könne (Jay, 2012).

Es besteht ein Unterschied zwischen weiblichen und männlichen Lügen. Frauen lügen, um anderen einen Gefallen zu tun, Männer, um selbst einen Vorteil zu erlangen (Pease & Pease, 2002, S. 303). Das hat zur Folge, dass männliche Lügen kritischer unter die Lupe genommen werden als weibliche. Da könnte man sich wundern, dass Männer trotz des eindeutig höheren Entdeckungsrisikos immer wieder lügen; und doch gibt es eine einfache evolutionspsychologische Erklärung: Da Männer lösungsorientiert arbeiten, glauben sie zuweilen, dass zum Erreichen des alles in den Schatten stellenden Zieles (das Erlegen des Wildes) die Lüge als taktisches Manöver er-

laubt sein könnte. Sie denken nur bis zu jenem
großen gerade verfolgten Ziel. Bei der Jagd
blendet der Mann alles andere aus – da
kann schon mal etwas zu Bruch gehen (wie
bei der Fliegenjagd).

Frauen agieren vorsichtiger. Sie setzen vor
allem, da sie vorgangsorientiert handeln
(Pease & Pease, 2002, S. 195), keine Zäsur
und bedenken fortwährend, wie es weiter-
gehen soll. Ihre Lügen, wenn es denn zu
welchen kommen sollte, werden sorgfältig
konstruiert, überzeugend vorgetragen, aus-
dauernd gepflegt und verschmelzen irgendwann mit einer gegebenenfalls mani-
pulierten Wirklichkeit.

Politik in einer weiblich geprägten Welt
wird ohne egoistische Lügen auskommen.
Es geht nicht mehr um persönliche Erfolgs-
erlebnisse, um Selbstverwirklichung oder
Selbstdarstellung einzelner Politiker, nicht
mehr um Macht. Man bespricht auftretende
Probleme gemeinsam und arbeitet gemeinsam daran, sie erträglich zu machen. Man
versteht und durchschaut sich gegenseitig.
Echte Lügen hätten keine Chance.

Schon jetzt werden große Lügen immer kurzlebiger; bald werden sie gar nicht mehr auftreten. Wir leben in einer Zeit der Enthüllungen. Es gehört mittlerweile zum Alltag, dass nach und nach viele Fragen, die uns lange beschäftigt haben, beantwortet werden, neue wie alte. Nicht nur Lügen werden aufgedeckt, sondern alles, was bisher vertuscht oder nicht ausreichend untersucht wurde, wird jetzt durchleuchtet. Immer neue Entwicklungen wie Zugang zu DNA-Analysen, Forensik, Digitalisierung und Bearbeitung alter Dokumente, Ablauf von Verjährungsfristen, eine Flut von Daten aller Art, die durch Suchmaschinen zugänglich gemacht werden, ermöglichen dies. So wissen wir heute, dass Tutanchamun nicht ermordet wurde, die geschredderten Stasi-Akten werden, sofern noch nicht geschehen, restlos rekonstruiert werden, verschiedenste UFO-Akten werden freigegeben werden, die Todesumstände von Ötzi werden noch genauer geklärt werden. Die ganze Wahrheit über das Ungeheuer von Loch Ness, das MK-ULTRA-Projekt, die CDU-Spendenaffäre, die Nazca-Linien und das „Wow!"-Signal wird an den Tag kommen, Zufallsfunde werden auf die Spur verschollener Verkehrsflugzeuge führen ... Eine Zeit aufregender Erkenntnisse liegt vor uns.

Die Zeit der Aufklärung früherer Geheimnisse hat begonnen. Aber nicht nur sensationelle Geheimnisse werden enthüllt. Die Vergangenheit insgesamt wird aufgearbeitet, selbst die individuelle, nicht nur durch Digitalisierung vorhandener Informationen und Klärung ungelöster Fragen, auch materiell. Viele sammeln Erinnerungsstücke, eigene und fremde. Der Antiquitätenhandel boomt. Immer mehr Menschen kramen ihre alten Erbstücke heraus und bieten sie zum Kauf an, in der Hoffnung, dass sie etwas wert sein könnten. Andere stürzen sich auf die angebotenen Stücke, um sich eine Pseudovergangenheit aufzubauen. Sie haben plötzlich bemerkt, dass ihnen etwas fehlt, nachdem sie ihre eigene Vergangenheit lange vernachlässigt hatten. Die Erinnerung an die Vergangenheit gehört zur Pflege der Familie und fällt damit in den weiblichen Zuständigkeitsbereich. Sie wird in einer weiblich werdenden Welt zunehmen.

Aber nicht nur der Antiquitätenhandel erlebt einen Aufschwung, der Handel allgemein blüht. Wer sagt, dass nur Frauen gerne shoppen? Es mag lange so gewesen sein und fing in der Altsteinzeit an. Während die Männer auf die Jagd gingen, war es eine Aufgabe der Frauen, alles Mögliche zu sammeln (Früchte, Pilze, Kräuter, was immer die Natur bot). Sie gingen auf Shopping-Tour – zum Wohl der Horde. In der weiblich werdenden Welt wird nun auch der Mann vom Shopping-Fieber angesteckt. In den Internetportalen für Online-Kauf tummeln sich mindestens so viele Männer wie Frauen. Die Umsätze explodieren.

Viele Online-Käufe laufen über Auktionen. Dabei gilt oft ein Zeitlimit, nach dessen Ablauf die Auktion beendet wird. Das führt dazu, dass sogenannte „Sniper" in letzter Sekunde ihre Gebote abgeben, damit der Preis nicht durch Folgebieter in die Höhe getrieben werden kann. Das kommt Männern entgegen: Sie überlegen sich ihren Preis und bieten ihn. Fertig. Ganz anders Frauen. Sie sind von „Snipers" frustriert, da sie die Interaktion bevorzugen, für ihre Preisfindung die Reaktionen anderer Auktionsteilnehmer benötigen. So treiben sie sich gegenseitig in die Höhe – und genießen es! Wieder das alte Lied: Männer machen einen großen Schritt, Frauen viele kleine. Männer würden das weibliche Bieterverhalten als nicht autonom rügen, Frauen würden das männliche Verhalten als langweilig bezeichnen. Für Frauen besteht Handel eben nicht nur in einer sachlichen Transaktion, sondern beinhaltet auch ein soziales Ereignis. In der weiblich werdenden Welt tragen einige Internet-Auktionshäuser dem inzwischen Rechnung, indem sie zum Schluss der zeitlich begrenzten Auktion noch eine Live-Phase einfügen, in der die Teilnehmer so lange bieten können, bis keine Gebote mehr eingehen und ein betreuender Auktionator die Auktion schließt. Man kann auf Gebote reagieren wie bei Auktionen im realen Leben. Diese sind natürlich erst recht ein Paradies für Frauen. Sie erweisen sich als soziale Ereignisse mit Shopping-Charakter. Ihre Zahl steigt rasant an.

Es gibt kaum Schöneres für Frauen, als miteinander über ihre Einkäufe zu plaudern. Typische Frauengespräche! Man gibt sich Tipps, tauscht Erfahrungen aus. Wem das nicht reicht, der kann sein Publikum beliebig vergrößern. Im Internet können Erfahrungsberichte als Bewertungen veröffentlicht werden. Inzwischen gibt es Bewertungsportale für fast alles: Reiseanbieter, Reiseziele, Hotels, Restaurants, Schwimmbäder, Markenartikel, Finanzdienstleister, Versicherungen, Geschäfte, Ärzte, was das Herz begehrt. Die Bewertungen werden gern gelesen und zur Entscheidungsfindung herangezogen. Sie werden – typisch weiblich – auch gern geschrieben.

Vom Handel im Kleinen zum Handel im Großen: In einer globalisierten Wirtschaft gedeiht der Handel zwischen Entwicklungsländern und Industrienationen. Obwohl schon Aristoteles erkannt hatte, dass in gewissen Konstellationen der Handel nach den Regeln des freien Marktes moralisch fragwürdig sein könnte, gab es seit dem Zeitalter des Kolonialismus immer wieder Ausbeutung im Handel der westlichen Welt mit unterentwickelten Staaten.

Erst im Zeitalter der weiblich werdenden Welt begann man, peu à peu moralische Bedenken zu entwickeln. Die weibliche Fürsorge für die ärmeren Länder gewann die Oberhand über egoistische Interessen. Man wollte die Partner nicht mehr übervorteilen. Ziel war, auf Preisgerechtigkeit zu achten, gerechte Preise statt Marktpreise durchzusetzen. Gerechte Preise sollten solche sein, die den Produzenten ein angemessenes Leben ermöglichen. Letztlich wollte man auch die Märkte erhalten. Als Mittel zur Erreichung dieses Ziels wurde das Fair-Trade-Siegel eingeführt. Es verbreitete sich in den 90er Jahren und gab dem Verbraucher die Macht, Einfluss auf die Preisgestaltung im Handel mit Ländern der Dritten Welt zu nehmen. Der Handel mit derart gesiegelten Produkten nahm seither stetig zu.

Hier gelang es, den freien Markt mit seinen eigenen Waffen zu schlagen. Dazu wurde der moralische Wert zum Handelsgut gemacht. Auf den ersten Blick mag das zynisch erscheinen, aber es funktioniert und führt tatsächlich zu mehr Moral im Handel. Auf diese Weise lassen sich moralische Maßstäbe demokratisch umsetzen. Das ist der weibliche Weg. Der männliche, alles durch Gesetze und Erlasse zu regeln, wäre weniger wirksam gewesen und würde die Mündigkeit der Menschen ignorieren. Als weiblich erweist sich in dem Fall also nicht nur das Ziel, sondern auch der Weg. Weitere, ähnliche Ansätze, den Handel in einer weiblich werdenden Welt an moralische Werte anzupassen, begegnen uns an vielen Stellen. Nachhaltigkeitsfonds und islamische Banken seien als Beispiele genannt.

Natürlich muss immer hinterfragt werden, um welche moralischen Werte es geht. Das Streben nach Nachhaltigkeit folgt aus dem Fürsorgebedürfnis der Frauen. Sie sorgen für ihre Liebsten, aber auch für die Welt mit ihren Ökosystemen. Es geht um die Zukunft der Welt. Das kann als moralischer Wert angesehen werden.

Auf der anderen Seite erhebt sich die Frage, ob angesichts der islamistischen Terrororganisationen der Islam als moralische Instanz angesehen werden kann. Hierbei muss man zwischen der geistlichen und der terroristischen Interpretation des Islam unterscheiden. In den Details der

Schriften mögen Fallstricke lauern wie bei anderen Religionen auch. Der Kampf gegen die Ungläubigen wird zwar im Koran gefordert, ist aber in der heutigen Adaption keine Option mehr. Entscheidend ist, was man aus den Schriften herausliest. Man darf nicht nach den Buchstaben des Textes gehen, der Geist hat sich gewandelt. Das muss man dem Koran zugestehen. Die Bibel ist auch nicht besser. In ihr wird der Genozid an den Edomitern gefordert. Auch das nimmt heute keiner mehr ernst.

Wie ist das Weiblich-Werden der Welt aus der persönlichen Perspektive zu bewerten? Theoretisch hört es sich positiv an. Also könnte es von der Menschheit begrüßt werden. Freundlichkeit und Mitmenschlichkeit verbreiten sich. Das mag man doch.

Die freundliche Seite der Weiblichkeit lässt sich bereits am Vergleich des Körperbaus von Frauen und Männern ablesen: Die weibliche Brust dient der selbstlosen Ernährung des Säuglings, das Bindegewebe des Körpers der Zartheit im Umgang miteinander. Im Gegensatz dazu dienen die Muskeln und der robuste Körperbau des Mannes dem Kampf.

Eindeutig ist die weibliche Welt die angenehmere. Warum war die Welt dann vorher männlich? Weil die Menschheit früher um ihren Platz in der Welt kämpfen musste. Dazu eignet sich besser eine männliche Psyche.

Die Entwicklung weiblicher und männlicher Verhaltensweisen in Abhängigkeit von der Anwesenheit oder Abwesenheit von widrigen Umständen oder glücklichen Umständen hat die Natur uns bei den Affen vorgeführt.

Um das zu sehen, kann man Schimpansen und Bonobos miteinander vergleichen, unsere nächsten Verwandten im Tierreich. Diese beiden Gattungen stammen von gemeinsamen Vorfahren ab, die sich vor zwei Millionen Jahren mit der Entstehung des Kongo-Flusses trennten, da sie nicht schwimmen konnten. Offenbar waren die Lebensbedingungen nördlich des Kongos schwieriger. Die Schimpansen, die sich hier entwickelten, mussten um die knappen Ressourcen auch noch mit Gorillas konkurrieren, die nur dort vorkamen, nicht aber südlich des Kongos. Die Bonobos, die sich südlich des Kongos entwickelten, verfügten über ein reichhaltiges Nahrungsangebot, um das sie nicht einmal kämpfen mussten.

Das Resultat dieser Entwicklung ist beeindruckend: Schimpansen sind patriarchalisch organisiert, aggressiv und die einzelnen Affengruppen führen endlose Kriege mit anderen Affengruppen. Die Bonobos hingegen sind friedlich, matriarchalisch organisiert und lösen ihre Probleme mit Sex. Die kollektive Psyche der Schimpansen ist männlich, die der Bonobos weiblich.

Man kann daher verstehen, dass die heutigen Menschen zu einer weiblichen Grundhaltung tendierten, da sich ihre Lebensumstände soweit verbessert haben, dass sie nicht mehr um ihren täglichen Lebenunterhalt kämpfen müssen.

Die Menschheit fühlte sich in ihrer männlichen Phase zuletzt mit der Beherrschung der Natur nicht wohl – sie will lieber in der Natur geborgen sein, ihr vertrauen wie eine Tochter der Mutter. Dieses Unwohlsein hätte, wenn es nicht durch das Weiblich-Werden der Menschheit korrigiert werden würde, früher oder später zu einer Selbstzerstörung der Menschheit führen müssen. In ihrem Unglück würde die Menschheit Selbstmord begehen.

Das sind Gründe, die für ein Weiblich-Werden der Menschheit zu sprechen scheinen. Warum es tatsächlich dazu kommt, wird später noch genauer zu analysieren sein.

Die Menschheit profitiert vom Weiblich-Werden, zumindest in ihrer gegenwärtigen Phase. Die Vermeidung von Kriegen ist nur ein Symptom unter vielen. Man könnte sagen, dass die Menschheit psychisch gesehen eine glückliche Zukunft vor sich hat.

Mit kleinen Schritten zum Glück

Glück ist ein subjektiv empfundener Zustand. Es spricht einiges dafür, dass die weibliche Menschheit den Zustand des Glückes gegenwärtig öfter empfindet als früher die männliche. Es hat mit kleinen Schritten zu tun.

Entscheidend ist dabei der schon mehrfach erwähnte Umstand, dass Frauen gern vorgangsorientiert an ein Problem herangehen, Männer dagegen lösungsorientiert (Pease & Pease, 2002, S. 195). Frauen diskutieren das Problem zunächst gemeinsam, gehen dann in kleinen Schritten voran (man denke an die Stöckelschuhe) und verbessern anschließend das vorläufige Ergebnis immer weiter, womit sie nie fertig werden. Es fällt auf, dass dies genau das Vorgehen der modernen Wissenschaft ist. Die Tendenz der Frauen, alles immer weiter zu verbessern, ist verwandt mit ihrem schon erwähnten Drang, immer etwas „Neues" zu wollen (Barth, 2020, S 61).

Männer dagegen versuchen eine schnelle Lösung des Problems und setzen sich danach zur Ruhe. Das kollidiert mit dem Verhalten der Frauen, die nie zur Ruhe kommen, wundervoll parodiert in Loriots Sketch „Feierabend". Leider ist die schnelle Lösung der Männer naturgemäß nie perfekt, weswegen sie gern von den Frauen kritisiert wird – und das in der Ruhepause der Männer! Früher, in der männlichen Welt, wurde solch eine Kritik in der wohlverdienten Ruhepause von den Männern als störend empfunden und als „Nörgeln" bezeichnet.

Der Begriff des „Nörgelns" drückt – wie sollte es anders sein – nur das Gefühl des Mannes bei der Gelegenheit aus. Die Frau erlebt das alles ganz anders. Wenn der Mann einfach nicht sieht, was zu tun ist, sie es ihm immer wieder sagen muss und es selbst dann noch nicht klappt, müsste es doch als ihr Verdienst gewürdigt werden, wenn sie es stets aufs Neue versucht. Sie würde es eher einen nützlichen Appell an den Mann nennen, eine notwendigerweise wiederholte Aufforderung, eine beharrliche verbale Kritik.

Der Volksmund der männlich geprägten Vergangenheit hat die abwertenden Bezeichnungen „Nörgeln", „Zanken" und „Keifen" für die geschilderten Verhaltensweisen der Frauen geprägt. Im Volkslied heißt es: „Hab mei Wage vollgelade, voll mit alten Weibsen. Als wir in die Stadt neikamen, hubn sie an zu keifen." Die Bibel macht da keine Ausnahme (Sprüche 21, 19): „Es ist besser, wohnen im wüsten Lande denn bei einem zänkischen und zornigen Weibe." Das Volksmärchen „Vom Fischer und seiner Frau" erzählt von der permanenten Unzufriedenheit einer Frau mit eigentlich tragbaren Situationen. Tatsächlich erreicht sie durch „Nörgeln" immer weitere Verbesserungen, büßt jedoch am Ende alles wieder ein, weil sie übertreibt.

Wenn sich der Mann die Kritik durch die Frau nicht gefallen lässt, kann es schon mal zu Wortgefechten kommen. Bekannt sind die zwischen Lady Nancy Astor und Winston Churchill. Sie kritisierte seinen Alkoholkonsum oft, wohl einmal zu oft (Masson, 2003): „Sie sind ja betrunken!"

Churchills ungalante Antwort: „Und Sie, Lady Astor, sind hässlich. Aber mein Zustand ist morgen früh vorbei." Sie schleuderte ihm wütend entgegen: „Wenn ich mit Ihnen verheiratet wäre, würde ich Ihnen Gift in den Tee tun." Er darauf: „Wenn ich mit Ihnen verheiratet wäre, würde ich ihn trinken."

Frauen wollen die Dinge immer weiter verbessern. Das hört nie auf. Im Gegensatz zu Männern, die sich kurz aufbäumen und sprinten, um dann ihre Ruhe zu haben, bevorzugen Frauen den Dauerlauf, sind mit dosiertem Aufwand und mit kleinen Schritten immer unterwegs.

Frauen lieben diese kleinen Schritte. Unnötig zu sagen, dass man auch mit Trippelschritten Großes erreichen kann. Zwar kann man einen Graben mit kleinen Schritten nicht überspringen – aber man kann eine Brücke bauen. Der Vorteil bei kleinen Schritten: Man kann sie rückgängig machen. Männern bleibt nach einem falschen großen Schritt oft nur der Zusammenbruch.

Es wäre zu erwarten, dass die Eigenart der Frauen, mit beharrlicher verbaler Kritik permanent und konstruktiv an einer Verbesserung der gemeinsamen Lebenssituation zu arbeiten, sich auch im gegenwärtigen Wandel der Welt bemerkbar macht. Dafür gibt es Beispiele. Manche können sich noch an die 68er erinnern, eine Bewegung, die von vielen der damals älteren Generation als „Nörgeln" empfunden wurde, ging sie doch von jungen Leuten gutbürgerlicher Herkunft aus, die eigentlich mit ihrer Situation hätten zufrieden sein können. Man brachte sozialrevolutionäre verbale Botschaften friedlich zur Geltung und setzte damit tatsächlich positive Entwicklungen in Gang. Ähnlich verlief die friedliche Revolution in der DDR, die zur Wende und zum Mauerfall führte. Auch sie war nicht aus einem echten materiellen Notstand geboren worden, sondern diente dazu, verbaler Kritik Gehör zu verschaffen, Verbesserungen des täglichen Lebens anzumahnen.

Der weibliche Weg ist gewaltlos. Gewaltlose Revolutionen wurden im 20. Jahrhundert populär, beginnend mit Mahatma Gandhi und Frauenrechtlerinnen der westlichen Welt sowie der Bürgerrechtsbewegung der Afroamerikaner in den USA. Es wurde nicht die gewaltsame Einnahme strategischer Positionen des Feindes angestrebt. Vielmehr genügte es, mittels kleiner Schritte (Sit-ins, Streiks, Demonstrationen, ziviler Ungehorsam) verbale Kritik in den Fokus der öffentlichen Aufmerksamkeit zu rücken, um seine Ziele zu erreichen.

Selbst da, wo heute noch Gewalt auftritt, wird sie in kleinen Portionen eingesetzt. Beispiel ist der Dschihad. Im sechsten Jahrhundert begann eine gewaltige islamische Expansion, die sich bis ins achte Jahrhundert fortsetzte. Getragen wurde sie von riesigen Heeren und großen Schlachten. Der heutige Dschihad des sogenannten „Islamischen Staates" verfolgt immer noch das gleiche Ziel: ein Territorium für den Islam zu erobern. Im Gegensatz zu früher bedient er sich aber terroristischer Aktivitäten nach dem Prinzip der Nadelstiche (kleine Schritte). Auch der islamistische Terror passt leider zur weiblich werdenden Welt.

Beharrliche Verbesserungen in kleinen Schritten begegnen uns heute überall: unzählige je für sich unnötige kleine Verbesserungen, die in ihrer Gesamtheit zu greifbaren Fortschritten führen. Nicht nur die Modewechsel in der Textilbranche, auch ständige Upgrades der Betriebssysteme unserer PCs und immer neue Modelle bei den Smartphones und in der Automobilbranche sind symptomatisch. In der Welt des Mannes ging es um die ganz großen, bahnbrechenden, weltbewegenden Erfindungen – das Erlegen des Wildes. Mit Kleinigkeiten gab er sich nicht ab. Die kleinen Schritte sind weibliche Eigenart, selbst in der Technik. Die Spezialisten sind (noch) mehrheitlich Männer, aber die Vorgehensweise ist weiblich.

In kleinen Schritten verbessert die Frau permanent ihre Umgebung. (Zumindest hält sie für Verbesserungen, was sie tut.) Der Mann in der Partnerschaft wird da nicht verschont. Er ist der erste Adressat ihrer beharrlichen verbalen Kritik. Unmerklich wird er von ihr umgeformt, zum Hausmann gemacht. Der Prozess ist bekannt und wurde Betaisierung genannt (Fischer, 2008), weil der frühere Alpha-Mann sich zum Beta-Mann wandelt. Dieser ist dann haushaltstauglich, allerdings nicht mehr so attraktiv für die Frau. Eine Zwickmühle für die Frau? Nicht unbedingt. Wenn der Mann an Attraktivität für Frauen verliert, verringert sich die Gefahr seiner Untreue und er bleibt ihr erhalten (sofern sie ihn dann noch will).

Aber zurück zum Nörgeln, wie es von den Männern empfunden wird. Die Männer bringen irgendwann ihr Missfallen zum Ausdruck. Folglich wurde die Kritik von den Frauen in der männlichen Welt dann oft unterlassen und die Missstände häuften sich. Es musste schließlich zu einer Korrektur, einer Umkehr kommen. In der männlichen Welt wurde diese Umkehr mit einem Gefühl des Versagens verbunden. Sie war umso schmerzhafter, je später sie kam.

Die Menschen fühlten sich damit unwohl. Das war die männliche Welt.

Im Gegensatz dazu fügen sich in der weiblichen Welt die Dinge nach und nach durch permanente Nacharbeit zu einem positiven Ergebnis. Das netzwerkorientierte weibliche Denken führt zu einer immer komplexeren Struktur der Wissenschaft. Nicht verwunderlich, sagt man doch den Frauen nach, dass sie „kompliziert" seien (Imdahl & Steeger, 2022, S. 84). Das sagen zumindest oft die Männer. Frauen bezeichnen Männer im Gegenzug gern als einfach und primitiv, z.B. Farrah Fawcett, die einmal sagte: „Frauen lieben die einfachen Dinge des Lebens – zum Beispiel Männer."

Wie bei der Evolution gibt es in der wissenschaftlichen Forschung und der gesellschaftlichen Entwicklung Fort- und Rückschritte. Fortschritte sind Schritte, die sich im Nachhinein als goldrichtig erweisen. Subjektiv scheint es, als habe man Glück gehabt, als sei das Schicksal einem gewogen gewesen. Objektiv liegt der Erfolg beim weiblichen Vorgehen darin begründet, dass man bei kleinen Schritten in der Lage ist, erste Erfolge zu erkennen und in dieser Richtung weiter vorzugehen oder aber bei Misserfolg mit mäßigem Verlust rechtzeitig umzukehren und eine neue Richtung einzuschlagen.

Dieser Effekt führt dazu, dass die Entwicklungen in der weiblichen Welt als glücklich empfunden werden. In der männlichen Welt des Mittelalters dagegen lief man oft zu lange in eine falsche Richtung. Das nachfolgende Scheitern konnte der Mann nur schwer verarbeiten. Man litt. Damals herrschte allgemeine Untergangsstimmung. Entsprechend häuften sich in den Künsten des Mittelalters Memento-mori- und Vanitas-Motive. Das Kollektiv der Menschheit schien eher unglücklich gewesen zu sein.

Es zeigt sich schon im Alltäglichen: Männer hoffen auf den großen Lottogewinn, der nie eintrifft. Sie fallen irgendwann finanziell auf die Nase. Frauen sparen wie die Eichhörnchen und haben Rücklagen, wenn sie sie brauchen.

Die weibliche Welt ist somit die glücklichere, kann man schließen. „Glücklich sein ist weiblich", schreiben auch Imdahl und Steeger in ihrer Studie (Imdahl & Steeger, 2022, S. 154). So gesehen kann man es als Glück empfinden, in einer weiblich werdenden Welt zu leben.

Schiller und die weiblich werdende Menschheit

Schon Schiller hat 1796 die Gendereigenschaften von Frauen und Männern in einem Gedicht weitsichtig analysiert. Geht man davon aus, dass das Weiblich-Werden der Welt ungefähr um 1500 begann, so liegt mit Schillers Werk ein relativ frühes Zeugnis des einsetzenden Umdenkens vor. Hier ist es:

Würde der Frauen

Von Friedrich Schiller

Ehret die Frauen! sie flechten und weben
Himmlische Rosen ins irdische Leben,
Flechten der Liebe beglückendes Band,
Und in der Grazie züchtigem Schleier
Nähren sie wachsam das ewige Feuer
Schöner Gefühle mit heiliger Hand.

Ewig aus der Wahrheit Schranken
Schweift des Mannes wilde Kraft,
Unstet treiben die Gedanken
Auf dem Meer der Leidenschaft.
Gierig greift er in die Ferne,
Nimmer wird sein Herz gestillt,
Rastlos durch entlegne Sterne
Jagt er seines Traumes Bild.

Aber mit zauberisch fesselndem Blicke
Winken die Frauen den Flüchtling zurücke,
Warnend zurück in der Gegenwart Spur.
In der Mutter bescheidener Hütte
Sind sie geblieben mit schamhafter Sitte,
Treue Töchter der frommen Natur.

Feindlich ist des Mannes Streben,
Mit zermalmender Gewalt
Geht der wilde durch das Leben,
Ohne Rast und Aufenthalt.
Was er schuf, zerstört er wieder,
Nimmer ruht der Wünsche Streit,
Nimmer, wie das Haupt der Hyder
Ewig fällt und sich erneut.

Aber, zufrieden mit stillerem Ruhme,
Brechen die Frauen des Augenblicks Blu-
me,

Nähren sie sorgsam mit liebendem Fleiß,
Freier in ihrem gebundenen Wirken,
Reicher als er in des Wissens Bezirken
Und in der Dichtung unendlichem Kreis.

Streng und stolz sich selbst genügend,
Kennt des Mannes kalte Brust,
Herzlich an ein Herz sich schmiegend,
Nicht der Liebe Götterlust,
Kennet nicht den Tausch der Seelen,
Nicht in Tränen schmilzt er hin,
Selbst des Lebens Kämpfe stählen
Härter seinen harten Sinn.

Aber, wie leise vom Zephir erschüttert
Schnell die äolische Harfe erzittert,
Also die fühlende Seele der Frau.
Zärtlich geängstigt vom Bilde der Qualen,
Wallet der liebende Busen, es strahlen
Perlend die Augen von himmlischem Tau.

In der Männer Herrschgebiete
Gilt der Stärke trotzig Recht,
Mit dem Schwert beweist der Scythe,
Und der Perser wird zum Knecht.
Es befehden sich im Grimme
Die Begierden wild und roh,

Und der Eris rauhe Stimme
Waltet, wo die Charis floh.

Aber mit sanft überredender Bitte
Führen die Frauen den Szepter der Sitte,
Löschen die Zwietracht, die tobend ent-
glüht,
Lehren die Kräfte, die feindlich sich hassen,
Sich in der lieblichen Form zu umfassen,
Und vereinen, was ewig sich flieht.

Schiller wurde wegen dieses Gedichts zuweilen Spießigkeit vorgeworfen. Er propagiere hier, behauptete man, ein veraltetes Rollenbild mit der Frau als Heimchen am Herde und dem Mann als Geldverdiener. Mit diesem Vorwurf macht man es sich jedoch zu einfach. Heute ist man zwar weiter, aber für das 18. Jahrhundert ist sein Blick auf die Rolle der Frau schon recht fortschrittlich.

Es geht Schiller auch nicht darum, Frauen- und Männerrollen festzuschreiben. Es geht vielmehr um die Würdigung ihrer

Charaktereigenschaften und die Gendercharakterisierung von Frauen und Männern allgemein. Vieles von dem, was er schreibt, deckt sich mit dem, was uns die heutige Wissenschaft lehrt. Hierbei wiederum geht es ihm darum zu erkennen, wie wertvoll gerade die weiblichen Eigenschaften sind. Eigentlich ein Plädoyer für die Frauen, also das, was man gern als „Damenrede" bezeichnet.

Schiller geht diesen Weg mit aller Konsequenz. Das zu verfolgen, lohnt sich. Auch auf die Gefahr hin, langweilig zu werden, mögen hier Strophe für Strophe die Aussagen in den Kontext der Gendereigenschaften gerückt werden.

Das Gefühlsbetonte und die Liebe wird als typisch weiblich in der ersten Strophe gelobt. Dem wird in der zweiten Strophe der Expansionsdrang und die Unersättlichkeit des Mannes gegenübergestellt.

In der dritten Strophe wird die Verbreitung von Heimeligkeit durch die Frauen und ihre Naturverbundenheit hervorgehoben, kontrastiert in der vierten

Strophe durch die Selbstvernichtungstendenzen des Mannes, die sich auch im gegenwärtigen Kontext bei der Besprechung der Gründe für das Weiblich-Werden der Menschheit noch als entscheidend herausstellen werden.

Weiter geht es in der fünften Strophe mit der Vorgangsorientiertheit der Frau, die sie befähigt, den Augenblick zu leben, während in der sechsten Strophe die Selbstverliebtheit und Kampfeslust des Mannes angeprangert wird.

Bei Gefahr neigen Frauen zu Angst und Besänftigung (siebte Strophe), Männer zur Gegenwehr (achte Strophe). Das führt in der neunten Strophe zu einer Art von Synthese der vorher dialektisch gegenübergestellten Gendereigenschaften von Frauen und Männern. Diese Synthese stellt in den Raum, dass die Bemühungen der Frauen um Frieden in der Welt von Erfolg gekrönt sein werden. Im Vergleich zu den vorigen Beschreibungen fällt diese Synthese allerdings recht kurz aus. Die Vielschichtigkeit des Wandels, der sich hier andeutet, hat Schiller nicht ausgearbeitet. Er überlässt diesen Denkprozess dem Leser, der damit bei der Theorie einer weiblich werdenden Welt ankommen kann.

Schiller hat Weitsicht bewiesen. 1796 hatte das Weiblich-Werden der Welt bereits begonnen und Schiller könnte schon geahnt haben, dass der weiblichen Verhaltensweise die Zukunft gehört.

Dabei muss jedoch auch erwähnt werden, dass Schiller die Gleichberechtigung der Frauen noch nicht voll anerkannt hatte. In der fünften Strophe kommt das mal so ganz nebenbei zum Vorschein, wenn er Wissen und Dichtung als Männerdomäne hinstellt. Diese rückwärtsgerichtete Denkweise zeigt sich auch in einem anderen Gedicht von ihm, nämlich „Die berühmte Frau", wo er über die gelehrten Frauen lästert. Frauen gesteht er einen guten Charakter zu, ihre geistigen Fähigkeiten nimmt er jedoch nicht ernst. In manchen seiner Dramen wie „Maria Stuart" stehen dann allerdings wieder starke Frauen auf der Bühne. Offenbar war sein Frauenbild noch sehr widersprüchlich, was wohl dem Geist jener Zeit geschuldet ist.

Er selbst erachtete in seinem eigenen Leben die Frauen offenbar nicht als vollwertige Persönlichkeiten, wechselte sie in seiner Jugend häufig und lebte zeitweilig in einer nicht legitimierten Dreiecksbeziehung mit zwei Schwestern, von denen er eine schließlich heiratete.

Hier zeigt sich, wie damals der Umbruch zur weiblichen Welt zwar langsam begann, aber selbst theoretisch noch nicht wirklich vollzogen war. Heute ist er zumindest theoretisch von der Gesetzgebung her vollzogen, aber noch immer nicht in der Praxis angekommen.

Die Gründe für das Weiblich-Werden der Menschheit

Nun zu der zweiten im ersten Kapitel gestellten Frage, der Frage nach den Gründen für das Weiblich-Werden der Menschheit. Es scheint nach dem bereits Gesagten einen Vorteil darzustellen, dass die Menschheit weiblich wird. Und doch gab es nie eine bewusste Entscheidung der Menschheit für diesen Prozess. Der Grund: Die Menschheit kann ihr Unbewusstes nicht selbst steuern. Es ist ja nicht wie bei einem männlichen Individuum, das eines Tages aufstehen würde, um zu sagen:

„Jetzt möchte ich gern weiblich werden."

Auch ist es nicht wie bei einer Transfrau, die sich schon immer als Frau gefühlt hat, aber lange in einer männlichen Identität gefangen war. Die Menschheit war die letzten Jahrtausende tatsächlich männlich und hat sich dabei gut gemacht, zumindest ihre Ziele erreicht.

Daher muss es einen Anlass und einen Mechanismus gegeben haben, der die Gender-Umwandlung des kollektiven Unbewussten von männlich zu weiblich in Gang gesetzt hat und das, ohne dass die Menschheit etwas davon merkte. Massive Gründe für das Weiblich-Werden der Menschheit müssen vorgelegen haben. Da es sich um einen Vorgang in der Psyche des Kollektivs der Menschheit handelt, müssen auch die Gründe psychischer Natur sein.

In der Tat ist zu Beginn des Wandels die Psyche der Menschheit in eine Krise geraten.

Die Krise begann grob gesagt mit der Neuzeit ab etwa 1500 und wurde erst nach und nach virulent. Mit der kopernikanischen Wende und der Reformation fiel der Startschuss, aber die geistigen Auswirkungen traten erst verzögert ans Licht.

Vorausgegangen war das Zeitalter der Entdeckungen. In jenem Zeitalter war noch das männliche Draufgängertum der Menschheit gebraucht worden, um neue Länder zu erobern. In dem darauffolgenden Umbruch hatte die Menschheit den Wechsel von der Eroberung ferner Welten hin zur Kultivierung ihrer nächsten Umwelt, also ihrer Heimat, vollzogen. Für die Eroberungen waren seit jeher die Männer zuständig, für die nähere Umwelt, früher die Höhle, waren es die Frauen. Das Weibliche wurde nun wichtiger als das Männliche. Das ist ein erster Baustein zur Erklärung, eine erste Erklärung.

Diese Überlegung erklärt zwar den Vorgang der Umwandlung, auch den Zeitpunkt, nicht aber ihre zwingende psychologische Notwendigkeit. Dafür gibt es weitere Erklärungen.

Hier nun die zweite.

Was geschah zu jener Zeit mit der Psyche des Kollektivs? Die Menschheit hatte neue Erkenntnisse gewonnen, mit denen sie nicht leicht fertig wurde. Der Mensch hatte durch die kopernikanische Wende erkennen müssen, dass er nicht mehr den Mittelpunkt der Welt darstellte, wie es die

Bibel ihm im Schöpfungsbericht erzählt hatte. Dort war er als die Krone der Schöpfung dargestellt worden. Nun war die Erde nicht mehr Mittelpunkt der Welt. Sein Ausgeliefertsein ans unermessliche Weltall traf ihn als eine unerwartete Einsicht und gleichzeitig wurde die Allmacht der Religion, die bisher als Rettungsanker fungiert hatte, in Frage gestellt. Die Menschheit wurde in ihrer männlich-narzisstischen Selbstüberschätzung erschüttert.

Eine genauere Betrachtung zeigt tatsächlich, dass die kollektive Psyche der Menschheit vor dem Umbruch narzisstisch war. Sie glich der Psyche eines Muttersohnes. Dieser ist seiner Natur nach narzisstisch und neigt zur Selbstzerstörung.

Der psychologische Begriff des Muttersohnes beschreibt einen Sohn, bei dem einerseits eine sehr enge Bindung zur Mutter besteht, andererseits der Vater jedoch fernbleibt (Pilgrim, 1993).

Da gibt es Parallelen zur kollektiven Psyche der Menschheit. Das beruht auf folgender freier Interpretation: Als die Mutter der Menschheit könnte man die Natur ansehen, als den Vater Gott. Die Natur ist allgegenwärtig, aber Gott ist fern. So nahmen es offenbar die Menschen seit Jahrtausenden wahr. Die Natur ernährte sie, aber Gott durfte nicht einmal beim Namen genannt werden.

Nach Pilgrim wird der Muttersohn von einer Mutter erzogen, die ihre Ideale selbst nicht verwirklichen kann (wie es in der männlichen Welt nun einmal war) und die sie stattdessen ihrem Sohn einimpft (Pilgrim, 1993). So wird er in dem Glauben großgezogen, dass er für etwas ganz Besonderes bestimmt sei. Das machte ihn zum Narzissten.

Napoleon, Hitler und viele Nazis waren Muttersöhne, aber auch gute Menschen wie Jesus. Sie alle steuerten geradewegs auf ihre Selbstzerstörung zu. Warum?

Die weibliche Prägung des Muttersohnes durch die Mutter kollidiert mit der gesellschaftlichen Notwendigkeit, dass er sich männlich verhalten muss (so war es zumindest in der männlichen Welt). Dieser innere Konflikt zerstört ihn. Sein Versagen, das notwendig kommen muss, da er zu hohe Ansprüche an sich selbst stellt, kann er als Narzisst nicht akzeptieren. Er flüchtet sich in die Selbstzerstörung, wobei er diese gern als Selbstaufopferung darstellt.

Das passt wiederum zu dem, was man bei der Menschheit beobachten kann: Die Menschheit steuerte in ihrer männlichen Vergangenheit bis vor Kurzem permanent auf ihre Selbstzerstörung hin, war in der Tat 1983 nur noch einen Knopfdruck vom Nuklearkrieg entfernt. Damals hatte Oberstleutnant Stanislaw Jewgrafowitsch Petrow im sowjetischen Luftverteidigungszentrum Serpuchow-15 die Meldung eines westlichen Raketenabschusses erhalten. Er hätte – wie in einem solchen Fall eigentlich vorgesehen – den Knopf für die russische Reaktion mit Atomraketen drücken müssen, tat es aber nicht. Hätte er es getan, hätte wiederum der Westen geantwortet und der nukleare Holocaust wäre Wirklichkeit geworden. Petrow hatte jedoch infolge eigener Überlegungen die Meldung eines einzelnen Raketenabschusses statt eines umfassenden Angriffs für einen Irrtum gehalten und damit recht gehabt. Das Bedrückende: Es handelte sich nicht um einen Sieg des Friedenswillens. Petrow hatte nicht eine eigenständige Entscheidung gegen einen Atomkrieg getroffen, sondern aus einer Wahrscheinlichkeitsabwägung geschlossen, dass die Beobachtung einer einzelne Rakete statt eines Schwarms eher auf einen technischen Fehler als auf eine reale Bedrohung zurückzuführen war. Das war knapp. Wir hatten einfach nur Glück gehabt.

Die Menschheit ist also ihrer Natur nach durch ihre drohende Selbstzerstörung bedroht. Unbewusst muss die Menschheit diese Gefahr schon lange gespürt haben. Die in ihrer narzisstischen Selbstüberschätzung erschütterte Menschheit wurde instabil und geriet in eine Existenzkrise. Das ist im Prinzip die übliche Situation des Scheiterns der narzisstischen Psyche des Muttersohnes, die zu seiner Selbstaufgabe führt.

Entstanden aus einer geistigen Entwicklung, war die Krise eine innere Krise. Infolgedessen kam es zu einer inneren Reaktion, zu einer Art Selbstaufgabe, wenn auch nur zu einer partiellen. Der Muttersohn gab seine männliche Identität auf. Die weibliche Seite der Menschheit begann, das Ruder zu übernehmen.

Vorbilder für so ein Geschehen gibt es durchaus in der Natur. Spontane Geschlechtsumwandlungen zur Erhaltung der Art sind aus dem Tierreich bekannt, z.B. bei den Clownsfischen (Anemonenfische). Dabei ist der Vorgang bei der Menschheit wesentlich einfacher. Physisch passiert nichts, kann ja eigentlich auch nicht, da es sich um eine kollektive Psyche handelt. Nur die Struktur des kollektiven Unbewussten ändert sich, indem sie ihr Gender wechselt.

Mit anderen Worten: Die Männer bleiben Männer. Zumindest auf den ersten Blick. Es gibt nämlich die beunruhigenden Beobachtungen, dass die mittlere Zahl der Spermien bei Männern seit Jahren abnimmt (Levine, et al., 2017). Die Ursachen konnten noch nicht festgestellt werden. Könnte es ein Symptom der weiblich werdenden Menschheit sein? Wenn sich die Verhaltensweisen der Männer ändern, könnte das theoretisch auch physische Auswirkungen haben.

Wenn das ein Trend wäre, der sich fortsetzt, würden tatsächlich die Männer ihre Männlichkeit verlieren. Das wäre jedoch nicht im Sinne der Menschheit. Die Menschen würden aussterben. Insofern kann man nur hoffen, dass beim Weiblich-Werden des kollektiven Unbewussten die Qualitäten des Mannes weiter von der kollektiven Psyche gewürdigt werden. Das sollte wohl gelingen, da zum weiblichen Prinzip die Toleranz gegenüber dem Andersartigen dazugehört. Mehr noch: Die Liebe zwischen Mann und Frau wird für die Arterhaltung benötigt und ist daher im kollektiven Unbewussten fest verankert. Dazu gehört eben auch ein typisch männlicher Mann. Seine Wandlung, was die Individuen betrifft, sollte sich somit in Grenzen halten.

Darum sollte der Spermienschwund letztlich doch begrenzt sein, wenn er überhaupt auf das Weiblich-Werden der Welt zurückzuführen ist. Er könnte natürlich auch auf exogene Faktoren zurückzuführen sein. So sollen die inzwischen allgegenwärtigen PFAS (per- und polyfluorierten Alkylverbindungen) Auswirkungen auf die Fruchtbarkeit haben. Wenn also die Ursachen des Spermienschwundes in exogenen Faktoren liegen, so sollten sie sich nach entsprechender Forschung wieder ausschalten lassen.

Die Frage, die sich jetzt jedoch noch ganz allgemein stellt und daher zu klären wäre, ist die, ob solch eine Genderumwandlung auch vom praktischen Standpunkt richtig ist. Hat eine Frau oder ein Mann die größeren Chancen in einer Krise? Mit anderen Worten: Es wäre zu klären, ob die passive (weibliche) oder die aktive (männliche) Verhaltensweise in Überlebenssituationen erfolgreicher ist. Die Frage wurde schon oft diskutiert.

Zunächst: Männer kämpfen bei Gefahr, Frauen laufen weg. Das war schon festgestellt worden.

Genauer: Der Mann kämpft in solchen Situationen seinen Kampf, egal ob sinnlos oder nicht. Sprichwörtlich geworden ist für ihn „der Kampf, den er nicht gewinnen kann". Der Mann bestreitet ihn mit einem gewissen Stolz. Er entspricht seiner Genderrolle. Der Mann fühlt sich dabei wie John Wayne im Western: „Ein Mann muss tun, was ein Mann eben tun muss."

Frauen sind da flexibler. Sie lösen die Situation, indem sie fliehen oder resignieren. Das Resignieren hört sich für Männer nicht nach einer Option an, ist aber in der Natur eine durchaus zulässige Strategie, die das Überleben ermöglichen kann. Man braucht allerdings Dulderqualitäten. Erdulden ist eine weibliche Stärke.

Was verspricht mehr Erfolg?

Äsop argumentierte in seiner Fabel vom Frosch im Milchkrug zugunsten des scheinbar aussichtslosen Kampfes: Der in den Milchkrug gefallene und vom Ertrinken in der Milch bedrohte Frosch strampelt – scheinbar sinnlos – so lange, bis die Milch schließlich unerwartet verklumpt und er hinausspringen kann.

Die Evolution, unbestechliche Auswerterin der statistischen Chancen, hat indes anders entschieden: In ausweglosen Situationen stellen sich die Tiere der realen Welt tot. Der Mensch schüttet bei Nahtoderfahrungen Endorphine aus, die ihn sich wohlfühlen lassen und lethargisch machen. Man könnte von einer Gnade Gottes sprechen, die dem Menschen den Tod erleichtert. Gott hätte, wenn es so wäre, einen Weg gewählt, der sich wissenschaftlich erklären lässt. Die simple Erklärung ist eben, dass sich in der Evolution die Resignation als die erfolgversprechendere Strategie durchgesetzt hat.

Sich weiblich zu verhalten, verspricht also die besseren Chancen beim Überlebenskampf der Menschheit. Das heißt, die Evolution hat das kollektive Unbewusste so entwickelt, dass es in Gefahrensituationen, die das Kollektiv betreffen, auf den Wandel der Psyche von männlich zu weiblich zurückgreift.

Hierbei ist die Existenzangst nur der Auslöser. Psychologisch gesehen liegt die Gefahr tiefer, nämlich in der drohenden

Selbstzerstörung des Muttersohnes, eine Gefahr, die das kollektive Unbewusste sehr wohl spürt. Es handelt dementsprechend, ohne das Bewusstsein zu involvieren.

Soviel zum Prinzip. Es lässt sich aber auch in der Praxis beim Menschen beobachten. Frauen haben in Krisen die größere Widerstandskraft als Männer. Die Evolution hat sie ihnen geschenkt, um die Tortur der Geburt zu überstehen.

Diese weibliche Resilienz wurde jetzt gebraucht und mobilisiert. Die entsprechende spontane Umwandlung der Menschheit zu einer weiblichen Identität ermöglicht tatsächlich das Überleben der Menschheit. Die entstehende Muttertochter ist psychisch wesentlich stabiler als der Muttersohn. Die Menschheit kann gerettet werden. Das Weiblich-Werden ist die Rettung aus der Krise.

Das ist die zweite Erklärung.

Man könnte noch weitere Gründe für das Weiblich-Werden der Menschheit anführen. Ein dritter Grund geht abermals auf das Scheitern der Menschheit als Muttersohn zurück. In dieser dritten Erklärung erkennt man das existenzielle Schuldbewusstsein der Menschheit als einen weiteren, womöglich ausschlaggebenden Grund für die Selbstzerstörung des narzisstischen Muttersohnes an.

Das existenzielle Schuldbewusstsein der Menschheit äußert sich im Mythos von der Erbschuld. Es ist ein in jedem Menschen verankertes Gefühl, irgendwie schuldig geworden zu sein. Rational lässt es sich nicht begründen.

Es ist bei der Evolution der Menschheit entstanden. Der Mensch neigt nämlich evolutionsbedingt dazu, sich immer leicht zu überfordern. Diese Neigung hat er im Lauf der Jahrtausende entwickelt, um seine Leistungsfähigkeit zu steigern. Man kann diese Neigung in den letzten 10000 Jahren als eine hervorstechende Eigenschaft des Muttersohnes beobachten. Sie hat bisher gut funktioniert und lässt erst mit dem Weiblicvh-Werden der Menschheit nach.

Eigentlich ist war sie lange eine nützliche Erscheinung.

Der Nachteil war psychischer Natur: Mit seiner Disposition zur Selbstüberforderung wird der Mensch seine Ziele im Allgemeinen nur teilweise erreichen und wird sich daher grundsätzlich als unzureichend erleben. Er empfindet dieses intrinsische Versagen, das ihm anhaftet, als eine Art von Schuld, die er mit seiner Existenz verbindet, ohne sie genauer definieren zu können (Liegener, 2015): „Durch die spezifischen Herausforderungen der Umwelt in der Frühzeit der Menschheit wurden hauptsächlich die Menschen selektiert, die sich stets leicht überforderten, dadurch mehr leisteten. Die zwangsläufige Unzulänglichkeit beim Erreichen ihrer zu hoch gesteckten Ziele, die Unfähigkeit, die selbst geschaffenen Ideale zu verwirklichen, führte in der Folge zu Schuldgefühlen bei den so selektierten Menschen."

Das ist die biologische Entstehungsgeschichte des Schuldgefühls der Menschheit. Es gibt aber auch eine psychologische, die es auf den Ödipuskomplex zurückführt.

Freud schreibt dazu (Freud, 1930, Kap. 7): „Wir können nicht über die Annahme hinaus, dass das Schuldgefühl der Menschheit aus dem Ödipuskomplex stammt."

Psychologisch gesehen hat die Menschheit als Abbild des Muttersohnes unter diesem Komplex gelitten und leidet noch immer darunter – wie jeder Sohn. Der Komplex gipfelt im Wunsch des Sohnes, seinen Vater zu töten und seine Mutter zu heiraten. Dieser Komplex kann nur bei einem Sohn auftreten, nicht bei einer Tochter, da diese die Mutter nicht sexuell begehrt.

Das existenzielle Schuldbewusstsein kann der Muttersohn nicht ertragen und würde sich, wenn nichts geschähe, in die Selbstzerstörung flüchten. Dieser Druck lastete auf der noch männlichen Menschheit.

Gelöst werden würde das Problem offenbar durch das Weiblich-Werden der Menschheit. Die neu entstandene Muttertochter wäre vor dem Ödipuskomplex sicher. Der Ödipuskomplex würde verschwinden und mit ihm das existenzielle

Schuldbewusstsein. Damit entfiele auch die Selbstzerstörung.

Diese dritte Begründung erklärt das Weiblich-Werden, jedoch nicht den späten Zeitpunkt der Umwandlung, da der Ödipuskomplex und mit ihm das existenzielle Schuldbewusstsein schon sehr lange bestand – nämlich seit sie männlich war, also seit der Neolithischen Revolution, wie sich später zeigen wird.

So hat diese dritte Erklärung eine Schwachstelle. Alle drei Erklärungen zusammen ergeben jedoch ein kohärentes Bild der Geschehnisse.

Der Esau-Effekt

Der Begriff Muttersohn beschreibt die männliche Psyche der Menschheit. Interessant ist, dass ein Muttersohn schon in der Bibel auftaucht, obwohl er dort nicht so bezeichnet wird. Wir finden in der Bibel Jakob als Muttersohn beschrieben, der sich stets bei seiner Mutter Rebekka aufhält, die wiederum trotz ihrer Intelligenz von ihrem Mann unterdrückt wird. Die klassische Konstellation des Muttersohnes. Es kommt dazu, weil der minimal ältere Zwillingsbruder Esau, also der Erstgeborene, vom Vater Isaak als der Stammhalter bevorzugt wird. Esau hält sich demnach an seinen Vater und entwickelt sich zum Vatersohn. Jakob dagegen hat beim Vater keine Chance, beachtet zu werden und orientiert sich an der Mutter. Hier finden sich Vatersohn und Muttersohn als Brüder.

Die bekannte Geschichte vom Linsengericht erzählt davon, wie Jakob Esau durch Betrug um sein Erstgeburtsrecht bringt. Der Muttersohn hält sich als Narzisst für den

eigentlich Auserwählten und kämpft um
die ihm versagte Priorität. Der Vatersohn
Esau verfügt zwar über die gesündere Psyche, nicht aber über die Gerissenheit Jakobs.
Er wirkt naiv. Positiv für ihn: Er kann seine
Genderrolle frei ausleben und entwickelt
sich zum Teamplayer, bereit, sich Vaterfi-
guren unterzuordnen. Negativ für ihn: Er
ist zu vertrauensselig. So wird er von Jakobs hinterhältigem Verhalten überrascht
und hereingelegt. Der Muttersohn, der gern
Vaterrollen kopiert, kann hier den arglosen
Vatersohn überrumpeln.

Diese Situation, dass ein Muttersohn einem Vatersohn, dem er begegnet, dessen
Priorität raubt, ereignet sich so oft, dass sie
als Esau-Effekt bezeichnet wird (Liegener
C.-M. , 2015b, 2016b). Weil der priorisierte
Sohn oft zum Vatersohn erwählt wird, lässt
sich der Effekt auch durch den Neid des
zurückgesetzten Muttersohnes erklären.
Durch den Neid entsteht der Antrieb zum
Raub. Der Antrieb wird fast unwidersteh-
lich durch den Narzissmus des Muttersohnes.

Da die kollektive Psyche der Menschheit
in ihrer männlichen Phase der eines Mut-

tersohnes gleicht, erhebt sich die Frage, ob sich die Menschheit als Ganzes auch nach dem Esau-Effekt verhält oder verhalten hat. Nun gibt es in der Realität bisher keine andere Zivilisation neben der Menschheit, der die Menschheit eine Priorität hätte rauben können. Andere Kollektive gibt es schon, etwa die Tiere. Sie waren zuerst da und ihre Priorität haben wir bereits geraubt. Ein ganz kleiner Esau-Effekt.

Intelligente Zivilisationen außer unserer eigenen kennen wir nicht. Aber in der Fantasie der Menschen gibt es außerirdische Zivilisationen. Wie sich die Science-Fiction-Literatur die Begegnung mit solchen Kulturen vorstellt, verrät viel über die Menschheit selbst. Da wir nichts über mögliche außerirdische Besucher wissen können, sind die Beschreibungen solcher Wesen in der Science-Fiction-Literatur Projektionen unseres eigenen zu erwartenden Verhaltens anderen Kulturen gegenüber.

Der 1898 von H.G. Wells geschriebene Roman „Krieg der Welten" versetzte 1938 die Amerikaner bei Ausstrahlung einer Hörspielfassung im Radio in Panik. Man war allzu leicht bereit, so etwas zu glauben!

Der Inhalt in Kürze: Es wird von einer Invasion der Erde durch aggressive feindliche Außerirdische berichtet. Da die Außerirdischen technisch überlegen sind – und sein müssen, um die Erde überhaupt erreichen zu können – droht die Ausrottung der Menschheit. Nur durch einen unglaublichen Zufall sterben die Außerirdischen und die Menschheit übernimmt ihre technischen Errungenschaften.

Dies ist ein Esau-Effekt, von dem die Menschheit träumt. Die Außerirdischen müssen, um derart überlegen zu sein, die wesentlich ältere Spezies sein. Sie wurden also von Gott der Menschheit vorgezogen. Ihre kollektive Psyche wird demnach als die eines Vatersohnes postuliert. Der Konflikt, der sich da in unserer Fantasie abspielt, wird aus Rechtfertigungsgründen als Verteidigungsfall konstruiert. Das Ziel ist jedoch die Entmachtung des Konkurrenten und die Übernahme seiner technischen Errungenschaften. Ein Esau-Effekt, wenn auch nur in der Fantasie.

Interessant ist nun, dass in der Science-Fiction-Literatur mittlerweile ein Wandel eingesetzt hat. Ab den 80er Jahren des 20.

Jahrhunderts sind die Neuankömmlinge nicht mehr automatisch Feinde. Das zeigen die Science-Fiction-Filme. Untersuchungen kommen zu dem Schluss: „Erst ab den 80ern ist zu beobachten, dass in manchen Filmen das amerikanische Modell favorisiert wird. Erst jetzt werden Versuche unternommen, außerirdische Völker in das irdische (amerikanische) Leben zu integrieren." (van Eijk, 2000, S.31)

Das heißt: Seit dem jümgsten Schub im Weiblich-Werden der Menschheit durch den Wertewandel geht es um Koexistenz statt Konkurrenz. Der Esau-Effekt wird überwunden – der aggressive Muttersohn wird zur friedliebenden Muttertochter. Hier haben wir noch ein Beispiel des Sichtbarwerdens der weiblich werdenden Welt. Die Muttertochter ist bereit zu einem friedlichen Zusammenleben mit den Außerirdischen.

Weitere Transgenderisierungen

Man kann das Weiblich-Werden der Menschheit als eine Transgenderisierung der Menschheit bezeichnen, weil die kollektive Psyche der Menschheit dabei ihr Gender wechselt.

Hierbei bedarf es einer Begriffsklärung. Der Begriff der „Transgenderisierung" existiert im heutigen Sprachgebrauch für Individuen nicht, und zwar aus dem Grund, dass Transgender-Personen ihre scheinbar neue sexuelle Identität in Wirklichkeit schon von Geburt aus in sich tragen. Der Schritt, dies auch auszuleben, wird Transition genannt. In der Beschreibung der kollektiven Psyche der Menschheit geht es aber um etwas anderes. Die Psyche der Menschheit ist zu der einen Zeit tatsächlich männlich, zu der anderen Zeit tatsächlich weiblich. Hier findet im Gegensatz zum Individuum nun wirklich eine Änderung des Genders statt. Die vorgenommene Bezeichnung Transgenderisierung für diesen Vorgang erscheint daher logisch. Vor Verwechslungen mit ähnlich lautenden Begriffen aus der Psychologie der Individuen möge man sich hüten. Es ist im Prinzip nicht ausgeschlossen, dass auch ein Individuum solch einen Prozess durchlaufen kann. Jedoch hat sich dafür noch keine allgemein verbreitete Bezeichnung durchgesetzt.

Die bisher beschriebene Transgenderisierung der Menschheit von männlich zu weiblich ist jedoch nicht die einzige, die es jemals gab (Liegener, 2020a, Liegener, 2024). In der Neolithischen Revolution zu Beginn der Jungsteinzeit fand bereits eine frühere Transgenderisierung statt, nämlich von weiblich zu männlich. Dieser Wandel begann je nach Region zwischen 9500 v. Chr. und 5500 v. Chr.

Es gibt klare Indizien für das Weiblich-Sein der Menschheit vor der Neolithischen Revolution: Vor ca. 30000 Jahren weisen frühe Venusfigurinen auf eine weiblich geprägte Gesellschaftsform hin. Diese Figurinen verschwinden mit der Neolithischen Revolution wieder. Ferner ist der anarchische Zustand der menschlichen Gemeinschaften der Jäger und Sammler, das Fehlen von Hierarchien, ein Indiz für eine weibliche kollektive Psyche.

Noch etwas: Die Menschheit, anfangs durch die Neandertaler repräsentiert, ließ in Europa vor ca. 40000 bis 30000 Jahren die aus Afrika neu hinzukommenden Cro-Magnon-Menschen in Frieden einwandern. Eine Koexistenz beider Menschenarten nebeneinander stellte kein Problem dar. Das erinnert an die Bonobos, die auch friedlich mit ihren Nachbarn auskommen und eine weibliche kollektive Psyche besitzen. Auch Neandertaler und Cro-Magnon-Menschen haben friedlich koexistiert und sich sogar vermischt. Wir alle tragen noch heute Spuren sowohl der Cro-Magnon-Menschen als auch der Neandertaler in unserer DNA mit uns herum. Die friedliche Koexistenz spricht ebenfalls für eine weibliche kollektive Psyche.

Dann kam der Wandel: die Neolithische Revolution. Die Menschen, die bis dahin als Jäger und Sammler gelebt hatten, wurden nun sesshaft und betrieben fortan Ackerbau und Viehzucht, kultivierten das Land. Hatten sie bis dahin dankbar angenommen, was Mutter Natur ihnen freiwillig gab, so wurden sie jetzt der Natur gegenüber aggressiv, versuchten, sie zu unterjochen und auszubeuten, zwangen sie zu geben, was die Menschen brauchten. Die weibliche Menschheit hatte die Natur verehrt und empfangen, was sie von sich aus gab; die nun männlich werdende Menschheit manipulierte die Natur, um zu bekommen, was sie wollte.

Viel änderte sich damals und in der darauffolgenden Zeit: Metallverarbeitung und Hausbau kamen auf und erforderten die Herausbildung eines Spezialistentums. Das war etwas, was die Männer von der Jagd her bereits kannten. Frauen dagegen hatten sich gegenseitig in der Schwangerschaft ersetzen können müssen und waren Generalistinnen geworden. Die Spezialisten waren also Männer und wurden anerkannt, während die Frauenarbeit als selbstverständlich hingenommen wurde.

So entwickelten sich Hierarchien, in denen die Männer dominierten. Die Varna-Kultur (4400 - 4100 v. Chr.) verfügte dann bereits über eine voll entwickelte Hierarchie mit einer männlichen Oberschicht. Allein schon die Entwicklung von Hierarchien ist ein männlicher Zug.

In jener frühen männlichen Phase der Menschheit dürfte auch die Bibel entstanden sein. Die Menschen beherrschten in ihr bereits Ackerbau und Viehzucht. Kain war Ackerbauer, Abel Hirte. Das erklärt die männliche Perspektive der Schöpfungsgeschichte, in der erzählt wird, dass Eva aus einer Rippe Adams geschaffen wurde. Eine klare Priorisierung des Mannes, wie sie zu jener Zeit als richtig empfunden wurde. Heute bekommt man stattdessen immer öfter zu hören: „Als Gott den Mann schuf, übte sie noch."

Die Entwicklung der Männerdominanz vor ungefähr 10000 Jahren ist ein Phänomen, das schon von Klaus Theweleit beobachtet worden ist (Theweleit, 2019). Auch Marx und Engels und der Historische Materialismus sprachen von einem matriarchalischen Urkommunismus im Paläolithikum, dem dann die Unterdrückung der Frau folgte. Dazu später mehr.

Der Charakter der kollektiven Psyche änderte sich entsprechend. Aus der folgsamen Tochter von Mutter Natur wurde der aufsässige Sohn. Eine Transgenderisierung. Ursache war offenbar, dass mit dem Aufkommen von Ackerbau und Viehzucht Territorien wichtig wuden. Das Wild und die essbaren Beeren gehörten niemandem. Jeder konnte das Wild jagen und die Beeren sammeln. Das änderte sich: Die von den Menschen bewirtschafteten Landstücke wurden Privateigentum. Man wollte nicht für andere daran arbeiten. Essen umsonst gab es nicht mehr. Die Situation erinnert an die Vertreibung der Menschen aus dem Paradies, ein Schlüsselereignis, von dem auch schon die

Bibel berichtet. Das Paradies war eine Form des Kommunismus, der Urkommunismus, in dem alles, was die Natur bot, allen gehörte. Das war mit der Neolithischen Revolution vorbei.

Die Menschen strebten nach Landbesitz. Während das Bewahren der Existenz eine weibliche Stärke ist, dürfte die Eroberung von Lebensraum männliche Aufgabe sein. Die Menschheit wurde zum Eroberer, zum Mann, zum Muttersohn.

So verwundert es nicht, dass etwas ganz Neues beim Männlich-Werden der Welt im Zuge der Neolithischen Revolution entstand: die ersten Kriege. Kriege sind etwas typisch Männliches. Sie stellen das Aufeinandertreffen zweier konkurrierender Hierarchien dar. Mit der Sesshaftwerdung der Menschen entstand die Notwendigkeit, Landbesitz zu beanspruchen und zu verteidigen. Dazu wiederum mussten Kampfgemeinschaften gebildet werden, die hierarchisch organisiert waren. Die archäologischen Überreste der ersten Schlachten der Menschheit datieren aus dieser Zeit und erzählen von einer Grausamkeit, die bis dahin unbekannt war (Meyer, Lohr, Gronenborn, & Alt, 2015).

Die Überwindung des Weiblichen zu dieser Zeit findet ihren Ausdruck im Mythos von der Sintflut. Wie viele große Mythen beruht auch dieser Mythos auf einem Traum des kollektiven Unbewussten der Menschheit. Dieser lässt sich wie folgt deuten: Das Wasser ist nach Jung ein Symbol des Weiblichen, das in dem Mythos die Menschheit zu vernichten drohte. Durch die Konstruktion der Arche – ein Symbol der zu jener Zeit männlichen Ingenieurskunst – wurde die Gefahr überwunden. Kurz: Die bedrohliche weibliche Flut wird vom männlichen Erfindergeist besiegt. Das männliche Prinzip verdrängt das weibliche. Der Mythos entstand unabhängig fast gleichzeitig an den verschiedensten Orten der Welt – vom Nahen Osten bis China, und zwar zur Zeit der Neolithischen Revolution, d.h. zur Zeit dieser Transgenderisierung. Der Mythos beschreibt die Ersetzung des Weiblichen durch das Männliche, den Wandel der kollektiven Psyche der Menschheit von weiblich zu männlich.

Man kann nach weiteren Transgenderisierungen der Menschheit suchen, aber die Interpretationen werden umso spekulativer, je weiter man in der Zeit zurückgeht.

Die Menschheit vor der Neolithischen Revolution war also weiblich geprägt. War sie es schon immer? Zumindest jedenfalls in dem Geschichtszeitraum, in dem es sich überhaupt um Menschen handelte. Aber es gab ja eine Zeit davor.

Irgendwann vor ganz grob zwei Millionen Jahren entwickelte sich die Gattung Homo, also „Mensch", aus den Australopithecinen. Ab ca. 300000 v. Chr. entstand aus den ersten Arten des „Homo", also Homo rudolfensis, Homo ergaster, Homo habilis und Homo erectus, dann die moderneren Arten Homo neanderthalensis und Homo sapiens, von denen nur die Letzteren überlebten. Im Verlauf dieser Entwicklung fand gleichzeitig mit der evolutionären Veränderung eine Transgenderisierung statt, ein Wandel der kollektiven Psyche von männlich zu weiblich. Es gab sichtbare Zeichen des Weiblich-Werdens: Im Mittelpaläolithicum vor 130000-120000 Jahren entstanden Venusfiguren wie die Venus von Berekhat-Ram (d'Errico & Nowell, 2000). Ebenfalls tauchten zu dieser Zeit gelochte Muschelschalen auf, die aufgefädelt als Ketten getragen wurden und als Vorformen von Schmuck aufgefasst werden können (Vanhaeren, et al., 2006). Man kann davon ausgehen, dass das frühe Tragen von Schmuck mit einer Würdigung von Schönheit einherging und dieses Schönheitsbewusstsein auf eine weibliche kollektiven Psyche der damaligen Menschheit hinweist.

Aber besaßen denn die Vorgänger der Menschen, die Australopithecinen, wirklich eine männliche kollektive Psyche, so dass man von einer Transgenderisierung sprechen kann, die die Entstehung der Gattung „Mensch" begleitete?

Der Prozess der Entwicklung der Menschheit aus den Australopithecinen dürfte sich über zwei Millionen Jahre erstreckt haben. Während dieses Prozesses hätte, wenn die Hypothese zutrifft, beim Kollektiv dieser Wesen eine Transgenderisierung von männlich zu weiblich stattgefunden, wenn das Kollektiv dieser Wesen vorher männlich gewesen wäre. Das wäre jetzt zu zeigen.

Bei den Australopithecinen weisen vor vier Millionen Jahren die im Vergleich zum Menschen sehr kurzen Beine und langen Eckzähne bei männlichen Exemplaren darauf hin, dass diese ausgiebig um ihre Position in der Gruppe kämpfen mussten. Durch die kurzen Beine wurde der Schwerpunkt tiefergelegt, was im Kampf von Vorteil war. Nach David Carrier (Carrier, 2007) sind kurze Beine bei diesen Primaten ein Zeichen von Aggressivität der Art. Ähnliches postuliert er für den aufrechten Gang, da Schläge aus aufrechter Position wirkungsvoller sind als solche aus gebückter Haltung (Carrier D., 2011). Ausgiebige Rangkämpfe und Aggressivität lassen auf Hierarchien und eine männliche kollektive Psyche schließen. Schon mit dem aufrechten Gang wurde offenbar die kollektive Psyche der Vormenschen männlich.

Der Strontiumgehalt in den Zähnen von Männchen und Weibchen bei den Australopithecinen zeigt, dass die Männchen ortstreu waren, während die Weibchen zwischen den Populationen wechselten (Copeland, et al., 2011). Das könnte bedeuten, dass die Männchen ihre Machtposition behaupteten, während die Weibchen austauschbar waren. Auch dies ein Hinweis auf eine männliche kollektive Psyche der Australopithecinen.

Die Gründe für den männlichen Zustand der Vormenschen, der Australopithecinen, vor mehr als zwei Millionen Jahren und den dann einsetzenden Wechsel zu einem weiblichen Zustand der frühen Menschheit lassen sich verstehen. Die Vergangenheit der Vormenschen dürfte schwer gewesen sein. Sie hatten in Südostafrika seinerzeit gegen Dürreperioden zu kämpfen, wobei sie sich gegen konkurrierende Arten durchsetzen mussten. Für den Kampf ist der Mann besser geeignet. Deshalb musste die kollektive Psyche damals männlich sein.

Mit der Entwicklung der ersten Menschen änderte sich vieles. Homo habilis und Homo erectus traten zu ernährungstechnisch besseren Zeiten in viel kleineren Zahlen auf. Sie hatten durch Verwendung von Waffen eine gewisse Dominanz gegenüber dem Tierreich errungen. Nun brauchten sie weniger die männliche Aggressivität als ein abgesprochenes Vorgehen bei der Jagd und der Verteidigung gegen Raubtiere. Auch die Konkurrenz innerhalb der Gruppen war unerwünscht, da nicht genug Individuen vorhanden waren, als dass man welche durch Rangkämpfe hätte verlieren dürfen. Die Kämpfe um die Frauen wurden reduziert, indem die Monogamie aufkam. Man musste gut miteinander auskommen – eine Stärke der Frauen. Die kollektive Psyche der entstehenden Menschheit wurde weiblich.

Gehen wir weiter zurück! Die kollektive Psyche der Australopithecinen war also männlich. Gab es bei ihrer Entwicklung vor vier Millionen Jahren etwa auch schon eine Transgenderisierung? Das wäre noch zu untersuchen.

Ob die Vorfahren der Australopithecinen über eine männliche oder weibliche kollektive Psyche verfügten, ist nicht ganz klar. Wahrscheinlich muss man hierbei zwischen den baumbewohnenden und den bodenbewohnenden Arten unterscheiden (Gough, 1973). Bei ersteren geht man Feinden durch Flucht auf die Bäume aus dem Weg. Es werden keine kampfstarken Männchen gebraucht, Männchen und Weibchen sind ungefähr gleich groß. Daher gibt es keine Dominanz der Männchen. Ein Matriarchat könnte sich ausgebildet haben.

Bei den bodenbewohnenden Arten ist es umgekehrt: Die Männchen müssen die Gruppe verteidigen. Sie sind wesentlich größer als die Weibchen. Es entsteht eine Hierarchie mit Dominanz der Männchen und ein Patriarchat.

Wahrscheinlich ist der Australopithecus aus dem Ardipithecus ramidus hervorgegangen. Dies ist der bislang älteste bekannte Vertreter der Homininen. Diese Entwicklung fand statt, als dieser aufgrund klimatischer Veränderungen vor vier Millionen Jahren vom Waldbewohner zum Savannnenbewohner wurde. Dabei wurde im Lauf der Entwicklung zum Australopithecus der aufrechte Gang entwickelt, um über die Gräser sehen zu können. Vom Ardipithecus ramidus vermutet man, dass er sich teilweise aufrecht in den Baumkronen bewegte. Untersuchungen der Sauerstoff-Isotopenhäufigkeit im Zahnschmelz von Ardipithecus ramidus lieferten den Hinweis, dass diese Hominini ihre Nahrung hauptsächlich in Laubwäldern suchten. Das bedeutet, dass die Ardipithecinen ramidi tatsächlich mehrheitlich Waldbewohner gewesen sind (White et al., 2009). Außerdem dürften Männchen und Weibchen ungefähr gleich groß gewesen sein. Damit wäre ein Matriarchat möglich gewesen. Die bei früheren Arten vergrößerten vorderen

Eckzähne sind bein Ardipithecus kleiner und wurden bei der Gattung Homo noch kleiner. Da diese Zähne bei Affen heute in Rangkämpfen eingesetzt werden, weist diese Zurückbildung bei männlichen Exemplaren auf eine reduzierte Aggressivität hin. Man dricht von einer „dramatischen Feminisierung" der Zähne und impliziert entsprechende soziale Veränderungen (Suwa et al., 2009). Die Vermutung einer weiteren Transgenderisierung vor vier Millionen Jahren liegt also nahe.

Die Geschichte der Menschheit im Hinblick auf das Gender ihrer kollektiven Psyche kann man demnach so zusammenfassen:

Die Art Ardipithecus ramidus scheint eine weibliche kollektive Psyche gehabt zu haben. Die vor vier Millionen Jahren auf sie folgenden Vormenschen, die Australopithecinen, hatten eine männliche kollektive Psyche. Vor ungefähr zwei Millionen Jahen entwickelte sich die Gattung „Homo", welche eine weibliche kollektive Psyche besaß. In der Neolithischen Revolution vor etwa 10000 Jahren wurden die Menschen sesshaft und die kollektive Psyche wurde männlich. Mit dem Anbruch der Neuzeit ab ca. 1500 n.Chr. bis heute begann die kollektive Psyche, allmählich wieder weiblich zu werden.

Hier spiegelt sich der ewige Kreislauf von Yin und Yang wider.

Noch etwas fällt auf: Betrachtet man die Zeitabstände, wird deutlich, dass die letzte männliche Phase der Menschheit im Vergleich zum ganzen Verlauf nur ein kurzes Intermezzo in der ansonsten weiblichen Geschichte der eigentlichen Menschheit war. Dieses kurze Intermezzo hat allerdings ausgereicht, um die Menschheit von harmlosen Erdbewohnern zur größten Bedrohung für den Planeten werden zu lassen. Die derzeit laufende Transgenderisierung dürfte daher auch im Interesse unseres Planeten liegen.

Die besprochenen Transgenderisierungen betrafen die Vergangenheit der

Menschheit. Wird es in Zukunft weitere Transgenderisierungen geben? Spekulieren ist erlaubt, auch wenn das schon in den Bereich der Science Fiction führen könnte.

Die Sonne wird sich in fünf Millionen Jahren zu einem roten Riesen aufblähen. Spätestens zu diesem Zeitpunkt wird die Menschheit, wenn es sie dann noch gibt, in den Weltraum aufbrechen müssen. Wie auch immer das aussehen mag, eines ist klar: Wenn die Menschheit die Grenzen dieses Planeten hinter sich lässt, zerstreut sie sich und das verringert die Gefahr ihrer Selbstvernichtung. Das könnte sogar schon sehr viel früher der Fall sein, je nach der Geschwindigkeit der Entwicklung der dafür notwendigen technischen Möglichkeiten. Wann auch immer es dazu kommen mag: Wenn die Gefahr der Selbstvernichtung entfällt, wäre die Existenz als Muttersohn wieder eine Option. Die größere Kampfkraft des Mannes könnte bei der Eroberung feindlicher Lebensräume von Vorteil sein, genauso wie früher im Zeitalter der Entdeckungen. Eine neuerliche Transgenderisierung von weiblich zu männlich in ferner Zukunft kann daher nicht ausgeschlossen werden.

Noch ein Gedanke: Ist es zu engstirnig, nur von Transgenderisierungen zwischen männlich und weiblich zu sprechen? Schließlich wäre ja auch die Transgenderisierung zu einer queer Identity möglich. In der Tat gab es für einige Zeit eine Transgenderisierung zu einer homosexuellen männlichen Identität. Diese fand ungefähr 1200–750 v.Chr. im griechischen Kulturkreis statt (Liegener, 2018). Das betraf zwar nicht die gesamte Menschheit, aber das Zentrum der damaligen abendländischen Kultur und führte zur Entstehung der Demokratie, lange bevor diese in der jetzigen Transgenderisierung wiederentdeckt wurde.

Zu jener Zeit, 1200–750 v.Chr., ging die mykenische Kultur unter. Diese Kultur war streng feudal und damit hierarchisch organisiert, also männlich geprägt. Die nachfolgende griechische Kultur brachte die Demokratie hervor, eigentlich ein Zeichen für eine weibliche kollektive Psyche. Der Umbruch jener Zeit könnte für eine Transgenderisierung von männlich zu weiblich gehalten werden, war es aber nicht. Die weibliche Psyche ähnelt in manchen Zügen der homosexuellen männlichen. Tatsächlich führte diese spezielle Transgenderisierung zu einer homosexuellen männlichen kollektiven Psyche.

Anlass für den Wandel könnten gesellschaftliche Unruhen zu jener Zeit gewesen sein, hervorgerufen durch ein Erdbeben, Klimakatastrophen, Dürreperioden, Hungersnöte, unerträgliche Klassenunterschiede, eine permanente Zuwanderung, Überfälle der sogenannten Seevölker, die selbst vertrieben worden waren und für den Untergang vieler Reiche der ausgehenden Bronzezeit mitverantwortlich waren. Mehrere dieser Faktoren oder alle zusammen hätten die bestehenden Machtverhältnisse in Frage stellen können (Cline, 2015). Offenbar drohte eine Revolution, eine Selbstzerstörung, eine Implosion der Gesellschaft. Dies war eine Krise der kollektiven Psyche jener Gesellschaft. Um diese zu überwinden, musste wie im heutigen Fall der Ödipus-Konflikt beseitigt werden und dazu musste der heterosexuelle Muttersohn sich wandeln. Die Wandlung zu einer weiblichen Identität mag nahegelegen haben, kam aber nicht in Frage. Da die Lebensumstände schwer waren, musste die männliche Identität mit ihrer Kampfkraft beibehalten werden. Der Ödipuskomplex hätte andererseits auch durch eine Homosexualität der kollektiven Psyche entschärft werden können. Dass das Kollektiv damals nicht die weibliche, sondern die homosexuelle männliche Identität bevorzugte, belegen die Mythen jener Zeit.

Es beginnt mit der Genealogie der Götter, wo erzählt wird, dass Uranos, der das Männliche in die Welt brachte, von seinem Sohn Kronos entmannt wurde. Die Geschichte zeugt von einer Entmachtung des männlichen Prinzips. Nicht nur deswegen, weil der Urheber der Männlichkeit entmannt wurde, sondern auch, weil Kronos überhaupt eine derartige Tat beging. Heterosexuelle Männer scheuen vor Kastration zurück. Der Grund mag darin liegen, dass dafür der physische Kontakt mit den Geschlechtsteilen eines anderes

Mannes erforderlich ist, was bei heterosexuellen Männern tabuisiert ist. Frauen und homosexuelle Männer könnten diese Tat jedoch begehen. Sollte Kronos also homosexuell dargestellt werden? Dafür gibt es keine weiteren Anhaltspunkte. Wäre es jedoch in diesem speziellen Kontext so gemeint gewesen, so wäre durch einen homosexuellen Titanen das männliche Prinzip beendet worden.

Es gibt weitere Hinweise auf Homosexualität im antiken Griechenland. Vom Göttervater Zeus selbst wird erzählt, dass er sich in den trojanischen Königssohn Ganymed verliebt haben soll, diesen in Gestalt eines Adlers auf den Olymp entführt haben soll und dort zu seinem Geliebten und Mundschenk gemacht haben soll. Dass er derweil schon mit Hera verheiratet war, hat ihn dabei nicht gestört. Kein Wunder, dass Hera zum Inbegriff der Eifersucht wurde, zumal Zeus auch mit unzähligen anderen Frauen Kinder zeugte. So setzte der Göttervater Zeus Maßstäbe für die griechische Kultur.

Zeus war kein Einzelfall, wenn er auch der prominenteste homosexuelle Gott im Olymp war. Sein Bruder Poseidon verliebte sich auch in einen Mann: Pelops. Auch er war gleichzeitig verheiratet und hatte unzählige weibliche Liebschaften. Viele weitere Gestalten der griechischen Mythologie verhielten sich in gleicher Weise.

Man könnte sich angesichts dessen fragen, ob denn die kollektive Psyche der Griechen nicht vielleicht bisexuell war, da doch Zeus, Poseidon und andere offenbar so empfanden. Das ist nicht so einfach zu differenzieren. Eine rein homosexuelle Psyche könnte für die Fortpflanzung des Kollektivs hinderlich sein. Andererseits wäre für die Entschärfung des Ödipus-Effektes eigentlich die rein homosexuelle Identität erforderlich. Vielleicht lässt sich das auch bei einem so großen Kollektiv gar nicht so genau trennen. Man kann jedoch, ohne die Formen der Liebe gegeneinander abwägen zu wollen, wohl vermuten, dass eine Vielzahl von Liebesbeziehungen, wie Zeus sie praktizierte, in ihrer Tiefe nicht mit der einer einzigen Liebe, wie sie im

Ödipus-Konflikt auftreten müsste, vergleichbar ist.

Auch in der bildenden Kunst gibt es Indizien für eine homosexuelle oder zumindest nicht typisch männliche kollektive Psyche des altgriechischen Kulturkreises, die allerdings nicht eindeutig sind. So wurde die Sphinx, die bei den Ägyptern noch männlich war, bei den Griechen mit einem weiblichen Gesicht, aber nicht mit weiblicher Brust dargestellt. War das der unbeholfene Versuch der Darstellung eines homosexuellen männlichen Wesens? Nicht zuletzt weisen die bekannten Figuren der Kouroi auf Homosexualität hin, da deren rätselhaftes sogenanntes „archaisches Lächeln" nicht so recht männlich wirken will.

Ähnliche Rätsel geben uns auch die Mythen von Zwitterwesen wie Hermaphroditos und Agdistis auf. Hier herrschte offenbar Unsicherheit über die sexuelle Identität.

Ein weiterer nicht typisch männlicher Mann ist Odysseus. Er gilt als der sprichwörtliche große Dulder. Dulden ist eigentlich eine Stärke der Frauen. Diese Charaktereigenschaft des Odysseus würde in der heutigen weiblich werdenden Welt bewundert werden. Für eine heterosexuell männliche kollektive Psyche würde sie jedoch nicht zu einem so repräsentativen Helden passen. Ähnliches gilt für Achill, der bisexuell dargestellt wird. Das würde darauf hinweisen, dass die kollektive Psyche damals eben nicht heterosexuell männlich war, sondern zumindest teilweise homosexuell.

Ein weiteres Indiz einer homosexuellen kollektiven Psyche jener Kultur ist die Gründung der „Heiligen Schar" der Thebaner 378 v.Chr. Diese Eliteeinheit der thebanischen Infanterie bestand aus 150 paarweise kämpfenden homosexuellen männlichen Liebespaaren. Ihre sexuelle Treue zueinander verstärkte ihre Kampfkraft, die gefürchtet war und die Thebaner sogar zum Sieg über die spartanischen Hopliten befähigte. Auch Alexander der Große griff die Idee der homosexuellen Kämpferpaare später auf.

Ein weiterer Punkt ließe sich noch im Zusammenhang mit den griechischen Mythen erwähnen: Ovid überlieferte die Sage von Teiresias, dem wohl berühmtesten Seher jener Zeit. Dieser soll, bevor er zum blinden Seher wurde, durch einen Zauber gegen seinen Willen für sieben Jahre in eine Frau verwandelt worden sein. In dieser Zeit soll er/sie verheiratet gewesen sein und sogar Kinder geboren haben. Danach wurde er/sie wieder in einen Mann verwandelt. Erst später wurde er von Hera geblendet und bekam von Zeus die Sehergabe.

Man sagt, Mythen seien die Träume des kollektiven Unbewussten. Da erhebt sich die Frage: Wer träumt von solchen Geschlechtswechseln? Es handelt sich ja offensichtlich die kollektive Psyche jener griechischen Gesellschaft. Eine sexuell nicht-binäre Psyche vielleicht? Das wäre eine Erklärung. Eine andere Erklärung wäre, dass die kollektive Psyche zu dieser Zeit eben nicht ausschließlich auf eine konventionell heterosexuell männliche oder weibliche Rolle fixiert war, sondern einen

Weg dazwischen wählte wie z.B. die Homosexualität.

Das Neue wurde also damals wahrscheinlich nicht das Weibliche, sondern das homosexuell Männliche. Dafür gibt noch einen weiteren Hinweis in den Mythen: Der homosexuelle bzw. bisexuelle Mann Achill besiegt vor Troja die weibliche Amazonenkönigin Penthesilea. Beide sind herausragende Repräsentanten ihres Genders. Das bedeutet: Das homosexuell-männliche Prinzip setzte sich symbolisch gegen das weibliche im Kampf um die neue Identität durch.

Die tatsächlich im antiken Griechenland ausgiebig praktizierte Homosexualität würde ebenfalls dafür sprechen. Köhlmeier schreibt dazu im Kontext der Sagen des klassischen Griechenlands (Köhlmeier, 1996, S 46): „... im Götterhimmel wie auf Erden bei den Heroen und natürlich auch bei den Menschen war Homosexualität weitverbreitet. Diese Art der Liebe wurde als die eigentliche Liebe zur Schönheit angesehen, und es galt als ehrenvoll, sich ihr vorzugsweise in einem Nebenverhältnis hinzugeben."

Homosexualität wurde also nicht nur geduldet, sondern für die Erziehung junger Männer institutionalsiert und bei Erwachsenen neben der Ehe als normal betrachtet. Zeus hatte es schließlich vorgemacht.

Die homosexuelle Epoche, die sich im klassischen Griechenland manifestierte, wird oft als die Wiege der europäischen Kultur gesehen. Rätselhaft bleibt, warum diese Transgenderisierung nur im griechischen Kulturkreis stattfand und nicht in den anderen untergegangenen Machtzentren der Bronzezeit wie dem Hethiterreich, Ugarit und Ägypten. Es könnte bedeuten, dass diese Transgenderisierung nicht eine zwangsläufige Folge der Situation war, dass aber dort, wo sie stattfand, eine neue Hochkultur entstand.

Das Ende der abschließenden hellenistischen Epoche kam 27 v.Chr. mit der Eingliederung Griechenlands ins römische

Reich, wobei die griechische Kultur in das römische Geistesleben integriert wurde und wohl auch die Kultivierung der Homosexualität die politischen Veränderungen teilweise überdauerte. Kaiser Hadrian liebte die griechische Kultur und lebte seine Homosexualität noch im zweiten Jahrhundert n. Chr. offen aus. Nach griechischem Vorbild hatte er neben seiner Frau noch einen jungen Geliebten. Wieviel das über die kollektive Psyche der Römer zu dieser Zeit aussagt, ist unklar. Wahrscheinlich blieb sie männlich. Interessant ist in dem Zusammenhang immerhin, dass Hadrian die Expansionspolitik seines Vorgängers Trajan beendete und auf Erhaltung des Erworbenen umschaltete. Er gab gerade erst eroberte Provinzen wieder auf, baute den Limes an der Grenze zu Germanien aus und errichtete den Hadrianswall in England ganz neu.

Spätestens im Mittelalter galt Homosexualität dann jedoch als verpönt und wurde von der Kirche mit Hinweis auf die Bibel verurteilt. Wer beim Sex mit Gleichgeschlechtlichen erwischt wurde, konnte verbrannt werden. Erst in der weiblich werdenden Welt wurde Homosexualität wieder gesellschaftsfähig.

Die Demokratie ging mit der Eroberung Griechenlands durch die Römer wieder verloren. Die Demokratie oder zumindest der Parlamentarismus wurde erst 1689 in der weiblich werdenden Welt mit der englischen Bill of Rights wiederentdeckt und verbreitete sich im 18. Jahrhundert weiter.

Der Historische Materialismus und die weiblich werdende Welt

Wenn das Weiblich-Werden der Welt zunächst den demokratischen Sozialismus und schließlich den Kommunismus hervorbringen soll, stellt sich die Frage, inwiefern das mit der großen Theorie vom Entstehen des Kommunismus korrespondiert: dem Historischen Materialismus von Marx und Engels. Worin ähneln sich und worin unterscheiden sich die Theorien.

Zunächst also die Situation aus Sicht der weiblich werdenden Welt:

Bei den Urmenschen teilten sich die Frauen ihre Werkzeuge, während die Männer sich hundertprozentig auf ihre Waffen verlassen mussten und daher nur ihre eigenen Waffen zur Jagd mitnahmen. Dementsprechend gehört es bis heute zur weiblichen Denkweise, dass Produktionsmittel sich im Eigentum der Gemeinschaft befinden. Frauen helfen sich gegeneinander mit Zucker oder Mehl aus, tauschen Kleidungsstücke miteinander und treffen sich zum gemeinsamen Kaffeetrinken. Die männliche Denkweise beruhte darauf, dass Männer ihre Waffen hüteten wie ihren Augapfel. Ihr Leben hing davon ab. Bei der Verteilung der Beute stritten sie sich um einen angemessenen Teil an der Beute und ließen niemanden an ihren erkämpften Besitz. Aus diesen uralten Verhaltensweisen haben sich im Lauf der Jahrtausende gendertypische Charakteristika entwickelt, die noch kaum bekannt sind, aber für die Zukunft richtungsweisend sein werden: Zur weiblichen Grundeinstellung des Verhaltens gehört es, den Kommunismus zu begünstigen, bei Männern ist es der Kapitalismus. Wenn man das weiterverfolgen möchte, könnte man schließen, dass Männer zum Egoismus neigen, Frauen dagegen den Gemeinschaftssinn pflegen. Das ist natürlich schon etwas pauschal formuliert und man muss an der Stelle wieder daran erinnern, dass solche Aussagen nicht für einzelne Individuen gelten, sondern nur als grobe Schablonen dienen. Aber gerade diese könnten bei Massenphänomenen zum Tragen kommen.

So kann man wohl erwarten, dass die Umstrukturierung der Gemeinschaft, wie sie sich in der jetzigen Transgenderisierung zu einer weiblichen Welt vollzieht, zu einer kommunistischen Gesellschaftsform führen wird.

Pünktlich zum Beginn des Weiblich-Werdens der Welt veröffentlichte Thomas Morus 1516 den Roman „Utopia", in dem er eine Sozialutopie vorstellte, in der es kein Privateigentum mehr geben sollte.

In der weiblich geprägten Urgesellschaft herrschte bereits Kommunismus. Das alte kommunistische Ideal der Frauen jener Urgesellschaft war lange vor dem jetzigen Wieder-weiblich-Werden der Menschheit in den Verirrungen der männlichen Welt verloren gegangen. Erst in der langsam wieder weiblich werdenden Welt entwickelte es sich ansatzweise neu, bis im Osten Europas der Sozialismus entstand, in welchem die Produktionsmittel ins Eigentum der Gemeinschaft übergehen sollten. Das gelang in großem Maße.

Die Anzeichen für eine Vergemeinschaftung des Eigentums häufen sich inzwischen auch in der westlichen Welt – sogar nach dem Untergang der Sowjetunion. Es beginnt im Kleinen. Die Fähigkeit der Frauen, miteinander zu teilen, zeigt sich heute beispielsweise in der Zunahme von Leasing und Sharing, was früher als verpönt galt.

Der Sozialismus passt demnach zur weiblich werdenden Welt. Aber es gibt einen Haken.

Die Diktatur des Proletariats, die gewaltsame Machtausübung Marxistisch-Leninistischer Prägung schien – so jedenfalls die damalige Theorie – zur Durchsetzung des Sozialismus notwendig gewesen zu sein, wurde aber zu lange beibehalten und war letztlich der Grund für sein Scheitern. Die weibliche Organisationsform ist die Anarchie oder die Demokratie, womöglich kommunistisch geprägt, aber jedenfalls nicht die Diktatur.

Die Diktatur musste in einer weiblich werdenden Welt scheitern. Es folgten mancherorts Demokratien, nicht zuletzt auch in Deutschland.

Eine Synthese im dialektischen Dreischritt von real existierendem Sozialismus und Demokratie könnte der demokratische Sozialismus sein. Das wird, wenn es so kommt, ganz von allein geschehen – als eine geschichtliche Notwendigkeit der weiblich werdenden Welt. Kleinere Maßnahmen zur Beschleunigung des Prozesses kann man anpacken – dazu später mehr –, aber im Allgemeinen kann man es einfach abwarten.

Hierin liegt wohl der größte Unterschied zum Marxismus. Marx hatte Hegels Warten auf den Weltgeist kritisiert und die aktive Veränderung der Welt gefordert. Damit war der Marxismus letztlich gescheitert. Man kann die Menschen nicht zu ihrem Glück zwingen. Zwar kann man im Kleinen an Verbesserungen arbeiten, aber der Totalitätsanspruch einer Änderung der gesamten Welt stammt noch aus der männlichen Phase der Menschheit. Die weibliche

Bescheidenheit führt eher zum Ziel, zumal wir uns in einer weiblich werdenden Welt befinden. Dazu gleich noch mehr.

Zur Erinnerung: Die letzte weibliche Phase der Menschheit endete mit der Neolithischen Revolution. Damals – vor jener Revolution – gab es eine Gesellschaft der Jäger und Sammler und die Gesellschaftsstruktur war anarchisch. Das kollektive Unbewusste war weiblich. Wenn in der jetzigen Transgenderisierung die Menschheit wieder weiblich wird, so dürfte auch die Gesellschaftsform derjenigen der Jäger und Sammler ähnlich werden. Der demokratische Sozialismus könnte nur der erste Schritt sein. Später könnte sich ein reiner Kommunismus entwickeln, eventuell sogar Anarchie. Ob es tatsächlich zu einer Anarchie kommen wird, wie sie wohl in der weiblichen Urgesellschaft verwirklicht war, kann keiner sagen. Eine Art von Demokratie dürfte wahrscheinlicher sein, am besten eine Basisdemokratie.

Geld würde überflüssig werden. Auch die Jäger und Sammler kannten kein Geld.

Wozu braucht man es denn noch, wenn die Güter nach Bedürfnis verteilt werden, wenn Luxus als verwerflich gilt? In der DDR hatte man diesen Zustand im Bewusstsein der Menschen nicht erreicht. Der Gedanke kam auf, dass man für das vorhandene Geld nichts Besonderes kaufen können sollte. Die Durchsetzung führte zur Mangelwirtschaft. Damit konnte die DDR im Vergleich zum Westen nicht bestehen. Die Menschen wollten immer noch Konsum und sie wussten, dass der Westen ihn bot. Das konnte nicht funktionieren. In einer Welt, in der das Bewusstsein sich allgemein gewandelt haben wird, wird eine Wirtschaft ohne Geld funktionieren.

Manche Klischees vom radikalen Kommunismus wird es nicht geben, so z.B. die, dass man auch auf den Besitz von persönlichen Beziehungen verzichten werden müsse, dass es Ehe und Familie nicht mehr geben werde. Die Slogans der sexuellen Revolution der 68er forderten das ("Wer zweimal mit derselben pennt, gehört schon zum Establishment"). Aber das wird nicht geschehen. Es entspräche nicht der weiblichen Natur. Frauen pflegen persönliche

Beziehungen, ganz besonders Ehe und Familie. Diese werden also erhalten bleiben.

Die prähistorische letzte weibliche Phase der Menschheit war auch im Historischen Materialismus schon identifiziert worden. Lewis H. Morgan und Friedrich Engels bezeichneten diese Gesellschaft als die Urgesellschaft (Morgan, 1877, Engels, 1884). Im Historischen Materialismus gilt die entsprechende Gesellschaftsform als Urkommunismus. Geprägt wurde diese Zeit durch Kommunismus, Anarchie und ein Matriarchat (Fehlmann, 2011, S.148). Sie wurde beendet durch das Aufkommen der Klassenteilung, die Entstehung des Staates und die Unterdrückung der Frauen.

Dieser Vorgang der Beendigung des Urkommunismus ist genau das, was ich hier als das Männlich-Werden der Menschheit in der vorigen Transgenderisierung der Menschheit von weiblich zu männlich vor 10000 Jahren beschrieben habe.

Die Urgesellschaft soll gemäß dem Historischen Materialismus anarchisch und matriarchalisch gewesen sein. Das hört sich wie ein Widerspruch an, da das Wort

„Matriarchat" das griechische Wort für „Herrschaft" beinhaltet und „Anarchie" die Abwesenheit von Herrschaft bezeichnet. Engels sprach stattdessen noch vom Mutterrecht. Der Widerspruch löst sich wundersamerweise auf, wenn man von einer weiblichen kollektiven Psyche jener Zeit spricht. Damit erklärt sich, dass diese Zeit kommunistisch und anarchisch war und weibliche Züge trug. Es gab eben keine Herrschaft. Frauen und Männer waren in dieser Gesellschaft gleichberechtigt, nur die kollektiven Verhaltensweisen waren weiblich, was auch die bei Ausgrabungen gefundenen Venusfiguren jener Zeit erklärt.

Was aber ist mit der Gegenwart? Kehren wir mit der jetzigen Transgenderisierung in die Altsteinzeit zurück? Nein, die technischen und geistigen Errungenschaften der männlichen Phase bleiben uns erhalten, nur die Gesellschaftsform ändert sich. Wir bewegen uns wie auf einer Wendeltreppe und kehren zum vorherigen Zustand auf einem höheren Niveau zurück. Bereits im Historischen Materialismus wurde ein dialektischer Dreischritt postuliert: Urgemeinschaft, Kapitalismus und schließlich Kommunismus.

Marx und Engels haben diese Entwicklung vorausgesagt. In ihrer Theorie gingen sie noch davon aus, dass man dafür kämpfen müsse. Marx spricht davon, dass er die Philosophie Hegels „vom Kopf auf die Füße" stelle. Während bei Hegel die Geschichte (übrigens eine andere als die von Marx vorhergesagte) durch die Verwirklichung des Weltgeistes entstehe, seien es bei ihm, Marx, die Menschen, die die geschichtlichen Entwicklungen hervorbringen müssten, da die Wirklichkeit nur materiell erklärbar sei und auch nur durch materielle Geschehnisse zu beeinflussen sei. Es wäre die Aufgabe der Menschen, für den Kommunismus zu kämpfen.

Das ist in der Theorie von der weiblich werdenden Welt anders. Hier brauchen die Menschen nicht mehr koordiniert für die Entfaltung der Geschichte zu kämpfen. Es ist auch nicht der Weltgeist, der die Entwicklung zustande bringt, sondern das kollektive Unbewusste der Menschheit, das psychologischen Gesetzmäßigkeiten folgt. Die Menschen mögen sich nach Kräften bemühen, durchsetzen wird sich letztlich das Unbewusste. Es handelt sich dabei um eine langfristige Entwicklung, die sich nicht beeinflussen lässt.

Entsprechend folgt aus der Theorie von der weiblich werdenden Welt auch kein politisches Programm. Es gibt nichts, was nach Vorschrift getan werden muss, um den Kommunismus und den Weltfrieden zu erreichen. Die kollektive Psyche bringt einzelne Aktionen hervor, die erst in der geschichtlichen Perspektive zusammenwirken.

Natürlich soll das nicht heißen, dass nicht jeder an seiner Stelle für Frieden und Gerechtigkeit kämpfen soll. Das war schon angedeutet worden und ein weiterer Vorschlag wird noch folgen. Jede oder jeder soll das ruhig und ohne Gewalt tun. Ihre oder seine Handlungen werden letztlich vom kollektiven Unbewussten gesteuert. Was jedoch im Gefolge der Marxschen Theorie im 20. Jahrhundert zu schlimmen

Folgen geführt hat, waren die Ideologien. Die brauchen wir nicht mehr, sie verführen zu anmaßendem Handeln. Vernünftige Theorien aus der Friedensforschung können auch ohne ideologischen Überbau entwickelt werden und bringen die Menschheit langsam voran.

Man könnte einwenden, dass ja immerhin eine Revolution gebraucht wurde, um den real existierenden Sozialismus in die Welt zu bringen. Das ist richtig und es war ja auch von Marx und Engels so vorhergesagt worden. Trotzdem haben die Massen, die diesen Umsturz zustande gebracht haben, nur ihre Rolle gespielt, getrieben von Not und geführt von Idealisten. Andere Ereignisse hätten möglicherweise in eine ähnliche Richtung geführt, eventuell aber auch in eine ganz andere Übergangsform. Aber am Ende hätte immer die weibliche Welt und mit ihr der Kommunismus gestanden. So lässt sich der genaue Verlauf der Geschichte auch jetzt nicht vorhersagen, auch wenn das Ergebnis einer weiblichen Welt feststeht.

Wenn man nun also aktiv werden möchte, was eine Frage der jeweiligen Präferenz ist, so sollte man bedenken, dass Gewalt keine Option ist, da sie nicht mit der weiblichen Welt vereinbar ist. Gewalt ist männlich (Wilson & Daly, 1985), Frauen mögen keine Gewalt und die weibliche Welt wird gewaltfrei sein. Gewaltlose Meinungsäußerungen können miteinander zusammenwirken und Entwicklungen in Gang bringen.

Am Ende wird dann der wahre Kommunismus stehen, eventuell in einer anarchischen Form. Im Gegensatz zum marxistischen fehlt ihm das kämpferische Element – er ist eine friedfertige Form des Zusammenlebens.

Der Friede, das Fehlen von Kriegen, ist Kennzeichen einer weiblichen Welt. Die Urgesellschaft hat das gezeigt. Es ergibt sich natürlich auch aus der Psyche der Menschheit als Muttertochter, die mit sich im Reinen ist und nicht wie der Muttersohn ihren inneren Konflikten in Form von

Kriegen ihren Lauf lässt. Die weibliche Welt wird friedlich sein.

Der wahre Kommunismus wird eine Erscheinung der weiblichen Welt sein. Das bedeutet, dass die Menschen nicht nur in materieller Hinsicht gleich sein werden, sondern auch in sozialer Hinsicht. Es wird keine Rangfolgen mehr geben. Bekannt ist, dass Frauen Netzwerke knüpfen, während Männer Hierarchien errichten. Im Kommunismus der Zukunft wird es keine Hierarchien mehr geben, auch keine Funktionäre. Das Gleiche gilt für unsere heutige hierarchische Form der Sozialisierung. Sie wird wohl mit dem Weiblich-Werden der Welt verschwinden und es wird auch ohne sie gehen. Familie und Freundschaft mag es noch geben, auch Gruppen, aber keine Rangfolgen mehr. Alle werden sich lieben, ähnlich wie im Urchristentum. In diesem Stadium wird der Kommunismus tatsächlich eine paradiesische Gesellschaftsform sein.

Mich persönlich beruhigt diese Aussicht. Verschiedene Menschen, mit denen ich gesprochen habe, geben jedoch zu bedenken, dass sie all die wunderbaren Entwicklungen, von denen ich träume, nicht kommen sehen. Noch gebe es Kriege, Diktaturen und Kapitalismus vielerorts. Ich kann dann immer nur darauf hinweisen, dass die besprochenen Entwicklungen als sehr langfristige Prognosen zu sehen seien. Worauf ich das Zitat von John Maynard Keynes zu hören bekomme: „Langfristig sind wir alle tot". Das stimmt natürlich. Wenn die Entwicklung mehrere hundert Jahre dauern sollte, werden wir das Resultat nicht mehr erleben. Das ist sogar sehr wahrscheinlich.

Aber müssen wir selbst erleben, dass etwas gut ausgeht? Die Zuversicht, dass es so sein wird, kann uns doch bereits Kraft geben. So verhalten wir uns doch auch beim Gedanken an den Tod: Wir wissen nicht, was uns erwartet, aber wir sind zuversichtlich, dass es gut sein wird. Nun können wir diese Zuversicht auch für die irdische Welt empfinden.

Die Phase der Deals

Der Übergang zur weiblichen Welt verläuft schrittweise und dauert seine Zeit. Indes kann man gewisse Phasen identifizieren. Wir haben die Phase des Wertewandels absolviert. Die weiblichen Werte haben sich bereits verbreitet. Nun müssen sie nur noch Wirkung zeigen. Gegenwärtig befinden wir uns in der Phase der Deals. Mit der erneuten Wahl Donald Trumps zum Präsidenten der USA 2024 zeichnet sich ein neuer Politikstil ab: Man versucht, zu Deals zu kommen. Das ist sein Markenzeichen und es ist nicht von der Hand zu weisen, dass es sinnvoller ist, Deals zu machen, als Kriege zu führen. Auf diese Weise könnten Kriege überflüssig werden – ein wichtiger Schritt in Richtung weibliche Welt.

Deals zu machen bedeutet in dem Fall, ideologische Auseinandersetzungen durch pragmatische Kompromisse zu ersetzen. Das ist der Unterschied zu Verhandlungen, die es schon immer gab. Bei Verhandlungen versucht man, das gesamtpolitische Bild zu bereinigen. Bei Deals nimmt man keine Rücksicht auf das Gesamtbild, sondern geht auf ein spezielles Ziel los. Das kann zum Beispiel die Beendigung eines Krieges sein. Allerdings wird dieser, wenn seine Ursachen nicht beseitigt sind, bei nächster Gelegenheit wieder aufflammen.

Hier entwickelt sich ein Stil, der einen Kompromiss zwischen der scheidenden männlichen und der kommenden weiblichen Welt ist. Das Durchboxen eines Deals ist ein fast gewalttätiger Akt, also noch männlich geprägt. Eine Entwicklung durch viele einzelne Deals zu vollziehen, anstatt große Pläne zu machen und dann Kriege zu führen, ist bereits weiblich: kleine Schritte statt großer Schlachten. Es handelt sich also um eine Übergangsform zwischen der männlichen und der weiblichen Welt.

Leute wie Trump an die Macht zu bringen kann riskant sein; denn sie können sich zu Autokraten entwickeln. Es kann aber auch die Chance auf einen Wandel bieten; denn sie können unkonventionelle Wege gehen.

Dieser neue Stil kann sich sowohl im privaten als auch im politischen Umfeld verbreiten und das international. Trump ist nicht der Einzige, der ihn praktiziert. Auch Putin hatte vor Beginn des Ukraine Krieges dem Westen einen Deal angeboten. Nur hatte er ihn als Ultimatum gestellt und durch überzogene Vorstellungen seinerseits eine Akzeptanz unmöglich gemacht.

In Deutschland übernimmt die AfD die Rolle Trumps. Es könnte bald dazu kommen, dass die sogenannte Brandmauer gegen die AfD aufgegeben wird und es von Fall zu Fall Deals geben wird, bei denen Beschlüsse der Parteien der Mitte gemeinsam mit der AfD getroffen werden, was bereits geschehen ist. Die AfD zeigt Sympathien für Trump. Vielleicht wird sie eine ähnliche Politik machen. In vielen anderen Staaten gibt es ähnliche Parteien. Sie werden gern als rechts eingeordnet, aber das ist kein Widerspruch zu einer kommunistischen Zukunft. In dieser Zukunft wird es keinen Konflikt zwischen rechts und links mehr geben.

Selbst Staaten können mittels Deals miteinander verhandeln. So könnten in Zukunft sogar Staaten, die das Weiblich-Werden der Welt ablehnen, auf lange Sicht zur Kooperation gebracht werden. Deals zu machen setzt nämlich voraus, den gegnerischen Standpunkt zu verstehen. Nur so kann man zu Kompromissen kommen.

Durch Deals kann das Gedankengut der westlichen Welt in die Köpfe patriarchalischer Gesellschaften gelangen und dort seine Wirkung entfalten. Selbst wenn die noch vorhandenen Autokraten dieser Welt schwer zu überzeugen sein dürften, ihre Position aufzugeben, so kann die von ihnen beherrschte Bevölkerung reifen und irgendwann im Zuge einer evolutionären Entwicklung die Gesellschaft umgestalten. Das könnte im globalen Umfeld der Weg sein, der zur weiblichen Welt führt.

Es handelt sich bei der Phase der Deals um eine vorübergehende Erscheinung, weil in der zukünftigen weiblichen Welt die Probleme durch Gespräche gelöst werden können und das Werkzeug des Kuhhandels nicht mehr benötigt werden wird.

Wenn die Phase der Deals ein Schritt in Richtung weibliche Welt ist, so war die Wiederwahl Trumps kein Zufall, sondern bereits ein Phänomen der weiblich werdenden Welt. Die Transgenderisierung der Menschheit begünstigt nämlich den Populismus (Liegener C.-M. , 2017c) und Trump ist ein lupenreiner Populist.

Bereits die Kennzeichen des Populismus verweisen auf weibliche Eigenheiten:

1. Es beginnt mit dem Anspruch, die Interessen der „normalen" Bürgerinnen und Bürger gegenüber den etablierten Parteien durchzusetzen. Dies wird an verschiedenen Einzelfällen festgemacht, die Anlass zu Kritik geben. Es handelt sich beim Vorgehen gegen diese Kritikpunkte um eine Politik der kleinen Schritte – typisch weiblich.

2. Ein weiterer Punkt ist die Forderung nach einer Basisdemokratie. Diese Forderung ist durchaus vernünftig und greift auf die zu erwartende Organisation einer zukünftigen weiblichen Welt vor.

3. In Europa lehnen die Populisten die EU und die NATO ab, in den USA ist man gegen das Engagement für Europa. Insgesamt geht es gegen die Globalisierung und man will Dezentralisierung. Das erinnert an die Grüppchenbildung und das Knüpfen von Netzwerken der Frauen im Gegensatz zu den straff organisierten Hierarchien der Männer.

4. Auffällig ist der Einsatz von Massenpsychologie. Die Manipulation von Massen kann Mehrheiten verschaffen. Das kann leider die schlimmsten Eigenschaften von Massen zum Vorschein bringen, ist aber eine Begleiterscheinung der Demokratie, die wiederum weiblich ist.

5. Nicht leugnen lässt sich bei vielen Populisten die Ablehnung illegaler Migranten. Das ist durchaus nicht immer rassistisch begründet. Gern werden nationalistische Gründe genannt. Der Ausschluss einzelner Individuen aus einem Kaffeekränzchen ist wiederum ein weiblicher Zug.

6. Typisch für Populisten ist auch der Ruf nach „Law and Order", oft auch verbunden mit der Sehnsucht nach starken Führungspersönlichkeiten. Hier wird an das Sicherheitsbedürfnis der Menschen appelliert, da die Unwägbarkeiten einer unsteten Politik ausgeräumt werden sollen. Das Sicherheitsbedürfnis ist besonders bei Frauen ausgeprägt, da diese für die Sicherheit der Familie sorgen.

Die Phase der Deals mit ihrem Drang nach Führungspersönlichkeiten leistet der Autokratie und dem Imperialismus Vorschub. Trump hat bereits seine Hände nach Grönland ausgestreckt und dabei einen Militäreinsatz nicht ausgeschlossen. Auch Kanada hat seine Begehrlichkeit geweckt und den Panamakanal wollte er ebenfalls für die USA beanspruchen. Mit diesen imperialistischen Tendenzen ist er nicht der Einzige. Schon vorher hatte ja Putin die Ukraine überfallen, um sie seinem Territorium einzuverleiben.

Interessanterweise versucht Trump, an verschiedenen Stellen Frieden zu stiften – in der Ukraine und im Gaza-Streifen. Auch im Konflikt zwischen Indien und Pakistan hat er vermittelt und sogar einen Waffenstillstand erreicht. Hier wird die friedliche weibliche Welt vorbereitet. Vor seiner Wahl versprach Trump, innerhalb von 24 Stunden nach seinem Amtsantritt den Ukraine-Krieg zu beenden. So schnell ging es dann doch nicht. Später darauf angesprochen, sagte er, das habe er sarkastisch gemeint. Was hätte er auch sonst sagen sollen? Dass er, ohne nachzudenken, den Mund zu voll genommen hatte?

Inzwischen gab es immerhin Gespräche zwischen den USA und Russland. Trump wollte den Frieden durchboxen, koste es, was es wolle. Vielleicht hoffte er auf den Friedensnobelpreis? Um irgendwie zu einem Frieden zu kommen, übernahm er sogar das russische Narrativ, dass die Ukraine den Angriff auf ihr Territorium selbst verschuldet hätte – eine eklatante Unwahrheit, die klassische Täter-Opfer-Umkehr. Die Wahrheit bleibt in der Phase der Deals auf der Strecke. Sie ist nebensächlich, solange nur ein guter Deal herausspringt.

Immerhin zeigt sich hier, dass politische Prinzipien austauschbar sind. Die Welt würde auch vom Sieg der Gegenseite nicht untergehen. Schon die Sophisten im antiken Griechenland haben sich gebrüstet, jedweder Sache vor Gericht zum Sieg verhelfen zu können. Manchmal kann es den Frieden bringen, wenn man sich in die Rolle des Gegners hineinversetzt. Offenbar ist es in der Phase der Deals erlaubt, Prinzipien, an die man früher geglaubt hat, hintanzustellen, um zu einem nützlichen Deal zu kommen.

Ist das noch mit dem Weiblich-Werden der Welt vereinbar? Prinzipienreiter sind meist Männer. Wenn die Wahrheit verleugnet wird, um in einem Deal ein höheres Ziel zu erreichen, wie in diesem Fall den Frieden in der Ukraine, so ist das nicht männlich, sondern weiblich. Das begründet sich wie folgt.

Untersuchungen zeigen, dass sich Männer bei moralischen Fragen mehrheitlich an Gerechtigkeit orientieren, während bei

Frauen die Fürsorge eine stärkere Rolle spielt (Gilligan, 1999). Die Gerechtigkeit wird also in der weiblichen Welt eine untergeordnete Rolle spielen, wenn es um Fürsorge geht.

Wird daher ein Prinzip – die Gerechtigkeit oder die Wahrheitspflicht – über Bord geworfen, weil die Fürsorge für das Leben von Zivilisten es gebietet, so wird das schulterzuckend in Kauf genommen. Frauen können gewisse Lügen um des lieben Friedens willen verzeihen. Ihre Handlungsmaxime ist die Moral, während es bei Männern die Ethik ist. Dabei gilt: "Unter Moral wird mehr die gesellschaftliche Praxis des richtigen Handelns verstanden: Sie kann, muss aber nicht aus einem Regelwerk abgeleitet werden." (Otten, 2000, S.82) Das beinhaltet eine gewisse Flexibilität. Die Ethik hingegen stellt ein System dar, das zu ehernen Prinzipien führt.

Das heißt, in der weiblichen Welt könnten auch Lügen geduldet werden, wenn die Lage es erfordert. Das ist kein Widerspruch dazu, dass es demokratisch zugehen soll. Der Demokratie sollte man da nicht zu viel zutrauen. Trump hatte schon früher die Wahrheit verbogen und ist trotzdem demokratisch wiedergewählt worden.

Das heißt, die Phase der Deals mit ihrer Beugung der Wahrheit ist mit dem Weiblich-Werden der Welt vereinbar.

In der Phase der Deals wird es nach und nach zu einer Depolitisierung der Auseinandersetzungen kommen. Nicht mehr die politischen Doktrinen bestimmen die Verhandlungen, sondern handfeste Interessen. Schon Putin hatte eigentlich nur das Territorium der Ukraine besetzen wollen. Politische Gründe hat er nur notdürftig vorgeschoben. Trumps Interesse an der Ukraine ist gar nicht politisch – er will nur die Schürfrechte für die Seltenen Erden. Bei seinem Interesse an Grönland macht er von vornherein klar: Er braucht es und will es auf die eine oder andere Weise bekommen – entweder er kauft es oder er nimmt es sich mit Waffengewalt. Politische Rechtfertigungen sucht er gar nicht erst.

Da es keine ideologischen roten Linien mehr geben wird, verringert sich die Gefahr von Kriegen. Leider wird es immer noch um Stärke gehen, aber es wird ablaufen wie die Rangkämpfe bei manchen Tierarten: nur Imponiergehabe bzw. Aufrechnung der jeweiligen Stärken und dann ein Deal, wer was bekommt.

Im Lauf der Zeit wird auch das nachlassen, wenn die verschiedenen nationalen Gemeinschaften zusammenwachsen. Dann wird sich die weibliche Welt durchsetzen. Das wird seine Zeit dauern, aber es hat begonnen.

Man kann zu Trump stehen, wie man will, aber bei aller Kritik muss man einräumen, dass er etwas bewegt. Er läutet die Phase der Deals ein. Er verhält sich wie ein Elefant im Porzellanladen, aber löst durch seine Unberechenbarkeit generell Unsicherheit aus und bricht damit verkrustete Strukturen auf. Bei dem, was er bewegt, gibt es Gutes und Schlechtes. Aber wenn nur das Ende des Ukraine-Krieges dabei wäre, hätte er schon etwas gewonnen.

Kann er den Ukraine-Krieg beenden? Es gab viele Vorschläge zur Beilegung der Ukraine-Krise. Einer der vielversprechendsten war der des Linken-Politikers Gregor Gysi. Er hatte angeregt, einen zeitlich begrenzten Waffenstillstand im Gegenzug für einen Stopp der westlichen Waffenlieferungen anzubieten (Gysi, 2024). Die Idee war gut und Ähnliches wurde dieses Jahr (2025) tatsächlich auch getan: Trump hatte die Waffenlieferungen an die Ukraine eingestellt, allerdings ohne eine Gegenleistung von Russland dafür zu verlangen. Noch etwas später hat er sie wieder aufgenommen, wofür die Ukraine die Bereitschaft zu einem Waffenstillstand zusicherte. Trump hatte wohl gedacht, die Ukraine wäre das Problem und hat sie unter Druck gesetzt. In einem nächsten Schritt wollte er dann auch von den Russen das Einverständnis mit einem Waffenstillstand. Das war das eigentliche Problem und es klappte nicht. Russland wollte den Krieg fortsetzen und spielte auf Zeit. Es war gar nicht anders möglich, da Putin sein Land auf Kriegswirtschaft umgestellt hatte. Ein nochmalige Umstellung auf Friedenswirtschaft würde das Land nicht verkraften. Sollte es Trump dennoch gelingen, Russland zum Frieden mit der Ukraine zu bewegen, müsste Putin sich andere Kriegsziele suchen. Die baltischen und weitere europäische Staaten böten sich an. Auch Deutschland als Angriffsziel wäre auf die Dauer nicht ausgeschlossen. Da kommt man ins Überlegen, ob man den Frieden in der Ukraine wirklich will. Nötig wäre ein Umdenken Putins und der Versuch, Russland – eventuell mit der Hilfe des Westens – wieder friedenstauglich zu machen. Ein großes Ziel!

Um dorthin zu kommen, muss sich im Inneren Russlands etwas ändern. Das wäre durch Einfluss aus dem Westen möglich. Allerdings wird der kulturelle Austausch mit dem Westen von Russlands Mächtigen blockiert. Umgekehrt sperrt auch der Westen Russland durch Sanktionen aus. Wir haben also die paradoxe Situation, dass wir durch unsere Sanktionsmaßnahmen das Gegenteil von dem erreichen, was nötig wäre. Sicher, in einer Gemeinschaft, wie sie vormals mit Russland bestanden hat, ist der soziale Ausschluss ein beliebtes Mittel. In diesem Fall war er jedoch möglicherweise falsch. Wir haben Russland in die Arme Nordkoreas getrieben. Das muss auch anders gehen.

Hier wäre noch viel Spielraum für Deals.

Die Phase der Deals kann nur ein Teil des langandauernden Prozesses der Transgenderisierung der Menschheit sein, nicht ihr Ende. Dementsprechend wird diese Phase wieder vorübergehen, wenn der Prozess der Transgenderisierung eines Tages abgeschlossen sein wird.

Die Frage ist, wie man sich bis dahin verhalten soll. Soll man den Populisten nachlaufen, solange sie an der Macht sind? Der gesunde Menschenverstand rät einem davon ab: Selber denken zu können, ist ein Geschenk, das man nicht wegwerfen sollte. Schnell wechselnde Politikrichtungen – je nach vorherrschenden Gesellschaftsströmungen – vertragen sich selten mit ehernen Prinzipien. Man sollte sich nicht zu sehr festlegen.

Ob es andererseits sinnvoll ist, sich populistischen Gesellschaftsströmungen in den Weg zu stellen, ist eine andere Frage. Hier ist in jedem Fall abzuwägen, welchen Preis man zu zahlen bereit ist. Wichtig mag dabei sein zu bedenken, dass die Erscheinung des Populismus von begrenzter Lebensdauer ist. Das kann helfen, wenn es um langfristige Ziele geht. Widerstand ist genauso wenig ratsam wie Opportunismus, da die Phase der Deals vorübergehender Natur ist. All die vorübergehenden Strömungen jener Phase werden in der weiblichen Welt in eine Synthese integriert werden.

Die Pflege der Demokratie

Der demokratische Sozialismus wird auch ohne unser Zutun Wirklichkeit werden, wahrscheinlich sogar der Kommunismus. Hier erfüllt sich Geschichte. Eine Aktion ist eigentlich nicht notwendig. Trotzdem kann man dort, wo es angebracht ist, die Demokratie mitgestalten.

Demokratie und Anarchie haben einige Züge gemeinsam, die der weiblichen Tendenz zu Netzwerken entsprechen. Beide sind dezentral angelegt, selbstorganisiert und beide lassen keine verkrusteten Strukturen zu, vor allem keine Hierarchien. Letzteres verhindern Demokratien idealerweise durch regelmäßigen Machtwechsel, Anarchien durch Rebellion gegen Machthaber jeder Art. Diese beiden Gesellschaftsformen dürften friedensfördernd sein, weil sie den immensen Aufwand und die Opfer eines Krieges nicht gegen die Basis durchsetzen könnten. Auch heute würden viele Kriege nicht stattfinden, wenn diejenigen, die sie anzetteln, und ihre Familien selbst in den Kampf ziehen müssten. Das Leid tragen doch immer die einfachen Leute. Wenn aber die Basis der Bevölkerung über die Kriege entscheidet, entscheiden die, die selbst in den Krieg ziehen müssten, und es wird nicht mehr zu Kriegen kommen.

Doch Vorsicht: Selbst das allgemeine Vorliegen von Demokratien allein wäre noch nicht hinreichend für den Weltfrieden. Auch Demokratien heutiger Art können Kriege gegeneinander führen. Zum einen sind die heutigen Demokratien noch nicht perfekt; die wenigsten sind Basisdemokratien. Zum anderen ist es mit dem Entstehen von Demokratien überall noch nicht getan – das tatsächliche Vorliegen einer weiblichen kollektiven Psyche der Menschheit ist notwendig. Die Demokratien sind nur ein Symptom unter vielen für das Vorliegen einer weiblichen kollektiven Psyche.

Wenn wir der Entwicklung entgegengehen wollen, können wir damit beginnen, die geistige Entwicklung zu unterstützen. Auf der praktischen Seite scheint es mir wichtig zu sein, die Schulbildung der Mädchen in manchen Ländern der Dritten Welt zu verbessern. Auch bei uns gibt es viel zu tun: Die sogenannten Frauenberufe müssten mehr gewürdigt werden, auch besser bezahlt werden. Die weibliche Fürsorge sollte sich in einer Stärkung des sozialen Gedankens in unserer Gesellschaft äußern. Die Kluft zwischen arm und reich muss verringert werden. Es muss ja nicht gleich von heute auf morgen der Kommunismus sein. Das geht nicht mit der Brechstange. Aber ein wenig ausgewogener könnten die Reichtümer dieser Erde schon verteilt sein. Der demokratische Sozialismus täte es auch. Dann wird man weitersehen.

Damit die Demokratie ihren Namen verdient, darf es nicht dazu kommen, dass Einzelne soviel Macht bekommen, dass sie falsche Entscheidungen durchsetzen können. Dazu ist die Pluralität im Parlament geeignet, solange die Abgeordneten gleich mächtig sind. Das ist jedoch nicht garantiert.

Das bedeutet Anforderungen an die Politiker. Zunächst einmal dürfen die einzelnen Politiker nicht abgehoben von der Bevölkerung agieren. Umgekehrt muss die Bevölkerung den Kontakt zu den Politikern pflegen. Vor allem: Die Mächtigen dürfen nicht zu mächtig werden.

Das erfordert vor allem eins: Politiker dürfen nicht zu lange an der Macht bleiben. Eine anonyme Quelle (wohl nicht Mark Twain, wie oft angegeben) sagt dazu: „Politiker sind wie Windeln. Sie müssen häufig gewechselt werden, und das aus denselben Gründen." Der Grund ist, dass bei zu langem Verweilen im Amt die Entwicklungen ins Stocken kommen, obwohl der Wechsel ein wesentliches Strukturelement der Demokratie ist.

Bei einer Amtszeitbegrenzung ergibt sich allerdings das Problem, dass in allen anderen Berufen Erfahrung hoch bewertet wird. Die Erfahrenen leiten die Unerfahrenen an. Sie wissen, wo es lang geht. In den einzelnen Unternehmen gibt es Hierarchien, in denen die Erfahrenen ganz oben stehen. Sie werden allgemein anerkannt. In der Politik ist es nicht anders. Die Erfahrenen werden respektiert.

Neben der Erfahrung gibt es noch einen weiteren Vorteil der Älteren: Sie scheuen das Risiko. Sowohl bei Frauen als auch bei Männern nimmt die Risikobereitschaft mi dem Alter ab (Bischof-Köhler, 2002). Das kann in der Politik von Vorteil sein, weil der Staat normalerweise nicht einem Risiko unterworfen werden soll.

Es wäre also eigentlich wünschenswert, die älteren Abgeordneten im Parlament zu halten. Das Problem ist nur, dass es in der Politik um Macht geht und diese nicht zu groß werden darf. Die Erfahrenen sammeln eine gewisse Machtfülle an, die sie nicht mehr auf die Wähler hören lässt. Sie haben oft Listenplätze inne, die sie durch Wahlen unangreifbar machen. Hierbei muss ich natürlich all die vielen ausnehmen, die sich trotz ihrer Position ihre Integrität bewahrt haben. Um sie wäre es schade, wenn sie nicht weitermachen dürften. Aber wer will diese Integrität beurteilen? Manche sollten länger dabeibleiben, manche sind schon zu lange dabei und nehmen anderen den Platz weg. Hauptsächlich aber geht es um die wenigen, die potentiell gefährlich werden könnten.

Um keinen in Versuchung zu führen, sich an Machtspielen zu betätigen, könnte man die Amtszeit der Abgeordneten begrenzen. Das dürfte gerade unter denen, die darüber zu entscheiden hätten, nicht gerade beliebt sein. Sie werden sich doch nicht selbst ihre Amtszeit begrenzen wollen! Es wird sich daher nicht verwirklichen lassen.

Aber spielen wir dieses Gedankenexperiment weiter durch! Nehmen wir also an, man könnte die Amtszeit der Abgeordneten begrenzen. Man würde die Erfahrung der ausscheidenden Abgeordneten nicht vergeuden wollen. Die Lösung könnte sein, abgetrennte Gremien zu bilden, in denen sich die Erfahrenen sammeln, die durch eine Begrenzung ihrer Amtszeit aus dem Amt geschieden sind. Diese Gremien könnten dann beratende Funktion haben. Es gibt bereits den Ältestenrat des Bundestages, in dem sich besonders erfahrene Abgeordnete finden, die jedoch noch im Amt sind. Das neu zu schaffende Gremium beherbergt im Gegensatz dazu nur bereits ausgeschiedene Parlamentarier. Es hätte keine feste Aufgabe außer der, für beratende Gespräche zur Verfügung zu stehen. Entsprechend zwanglos sollte die Organisation und die Bezahlung sein. Die Mitglieder würden allseits geehrt werden, dürften aber nicht mehr selbst entscheiden.

Ein Einwand würde sicher lauten: Das Parlament würde zu jung werden, währen die Bevölkerung altert. Der Einwand ist berechtigt, aber er kann beseitigt werden, indem man das Eintrittsalter der Parlamentarier erhöht, nicht durch ein Mindestalter, sondern durch eine Quotenregelung für ältere Bewerber auf den Listenplätzen. So können auch Menschen mit Berufserfahrung später im Leben in die Politik einsteigen. Das würde wohl auch den mittleren Bildungsgrad im Parlament erhöhen.

Gewöhnlich sind es einzelne Politiker, die zu mächtig werden und entmachtet werden müssten und gewöhnlich auch nicht gewöhnliche Abgeordnete, sondern solche in hohen Ämtern. In der griechischen Antike gab es zu diesem Zweck den Ostrakismos, das Scherbengericht, mit dem die Bürger einen Politiker, der ihnen zu mächtig geworden zu sein schien, für zehn Jahre aus dem Stadtstaat verbannen konnten. Sein Eigentum und seine Titel durfte er behalten. Es ging so vor sich: Einmal im Jahr entschied die Volksversammlung, ob ein Ostrakismos durchgeführt werden sollte. Wenn es dazu kam, durfte jeder stimmberechtigte Bürger abstimmen. Das waren damals nur Männer, heute müssten selbstverständlich die Frauen miteinbezogen werden. Der Bürger konnte dann den Namen des Politikers, den er verbannt haben wollte, auf einer Tonscherbe einritzen. Am Schluss wurden die Namen gezählt und derjenige, der am häufigsten genannt worden war, wurde verbannt. Das genügte, um keinen zu mächtig werden zu lassen.

Bei uns sollen theoretisch Wahlen diese Rolle spielen, aber es hat sich herausgebildet, dass sie wegen der Struktur der politischen Landschaft nur begrenzt zu einem wirklichen Machtwechsel führen können. Durch die hierarchische Struktur der Parteien ist keine echte Wahl mehr möglich. Die Spitzenkandidaten sind wegen der Machtkämpfe beim Aufstieg in der Hierarchie ihrer Parteien bereits so lange im Geschäft, dass sie eigentlich auch schon wieder ausgewechselt werden müssten. Außerdem haben sie im Lauf der Zeit so viele Minuspunkte eingesammelt, dass die eigentliche Wahl nur noch die Wahl des geringeren Übels darstellt. Die Wichtigkeit von Parteihierarchien könnte durch eine größere Parteienvielfalt gemildert werden, aber da steht die 5%-Klausel im Weg. Sie wurde eingeführt, um eine gewisse Stabilität zu garantieren, und tut das auch, allerdings um den Preis einer schwindenden Wahlbeteiligung. Viele finden keinen für sie geeigneten Repräsentanten mehr auf dem Wahlzettel und verweigern die Wahl.

Wahlen sind also ein stumpfes Schwert. Auch sind die Wahlen zu grob eingestellt, als dass sie einzelne Personen wirksam treffen könnten. Eine Ergänzung der Wahlen durch einen Ostrakismos könnte daher auch heute sinnvoll sein. Es würde ja genügen, wenn der oder die Betreffende, der oder die für zu mächtig befunden wird, für zehn oder zwanzig Jahre auf jede politische Betätigung verzichten würde. Es gibt ja genügend andere Betätigungsfelder. Diese Maßnahme könnte helfen, Amtsmissbrauch und Willkür zu verhindern. Allerdings würde ihre Einführung von den jeweils Mächtigen kaum zugelassen werden. Trotzdem könnte man zumindest darüber diskutieren.

Selbst wenn es in den Verfassungen vieler Länder Begrenzungen für die Wiederwahl des Präsidenten gibt, können diese umgangen werden. Putin musste zwar nach zwei Amtszeiten als Präsident das Amt für eine Legislaturperiode ruhen lassen, fungierte in dieser Zeit aber als Regierungschef und wurde danach wieder zum Präsidenten gewählt. Da wurde die Verfassung einfach ausgetrickst. Ein Ostrakismos wäre wirkungsvoller gewesen. Heute könnte der Ostrakismos, wenn es ihn in Russland gäbe, sogar den Frieden bringen.

Natürlich muss auch die Frage nach der moralischen Rechtfertigung gestellt werden. Schließlich beeinträchtigt man durch den Ostrakismos das Leben des oder der dermaßen Verurteilten und das ohne ein rechtskräftiges Verfahren. Ist das nicht Lynchjustiz? Nein; denn erstens wird keiner gelyncht, sondern nur daran gehindert, mit etwas fortzufahren, das der Gemeinschaft zu schaden scheint. Ein körperlicher oder materieller Schaden entsteht dem Betroffenen nicht, er behält alle seine Bürgerrechte. Auch wird er nicht inhaftiert oder in seiner Freizügigkeit eingeschränkt. Zweitens werden durch die umfassende Abstimmung demokratische Grundsätze geachtet. Es ist nicht die Willkür Einzelner, die entscheidet, sondern der Wille der Mehrheit.

Auch von Mobbing muss unterschieden werden. Beim Ostrakismos wird nicht ein Schwächerer von Stärkeren tyrannisiert, sondern die Schwachen verbünden sich, um einen Mächtigen zu entmachten. Es ist der gewaltlose Aufstand der Massen. Auch wird der Betreffende nicht schikaniert. Er wird in Ruhe gelassen und kann in aller Ruhe als Privatmann seinen Geschäften nachgehen und seine Freundschaften pflegen, nur eben nicht mehr ein öffentliches Amt bekleiden und das Gemeinwohl beeinflussen.

Die Vorteile überwiegen. Der Bürger hätte nicht mehr das Gefühl, der Willkür der Politiker machtlos gegenüberzustehen. Die Politikverdrossenheit, die sich immer mehr verbreitet und unsere Demokratie gefährdet, würde verschwinden.

Die Einführung des Ostrakismos könnte nach einer entsprechenden Mobilisierung der Bevölkerung durch einen Bürgerentscheid/Volksbefragung ermöglicht werden. Die Kosten wären überschaubar, der Nutzen für die Demokratie unbezahlbar.

Es gab im antiken Athen eine Nachfolgerin des Ostrakismos, nämlich die Graphe

Paranomon. Wäre sie besser als der Ostrakismos? Sie funktionierte so: Man konnte eine Klage gegen ein neues Gesetz vor dem obersten Gericht einbringen und damit den Urheber dieses Gesetzes anklagen. Dies ähnelte unserem Normenkontrollverfahren und involvierte insofern andere staatliche Autoritäten. Damit war die Graphe Paranomon aber nicht mehr von staatlichen Einflüssen unabhängig, was ja als Grundgedanke beim Ostrakismos diente. Insofern repräsentierte die Graphe Paranomon auch nicht mehr den direkten Volkswillen, wie es der Ostrakismos tat. Um die Basisdemokratie zu stärken, bedürfte es also doch des ursprünglichen Ostrakismos.

In einer weiblich werdenden Welt muss die Regierungsarbeit dezentralisiert werden. Zumindest auf der zeitlichen Skala muss sie auf viele Schultern verteilt werden. Mit anderen Worten: Die Amtszeiten aller Abgeordneten müssen begrenzt bleiben. Das schränkt den Machtzuwachs ein. Wenn sie in jungen Jahren Politiker geworden sind, wäre es wichtig, dass sie nach ihrer Amtszeit noch eine Zukunft haben. Zu diesem Zweck sollten Abgeordnete eine abgeschlossene Berufsausbildung vorweisen können. Es kann doch nicht sinnvoll sein, dass das Parlament nur von Berufspolitikern bevölkert wird, die in ihrem ganzen Leben nichts anderes gemacht haben als Politik und nie etwas anderes machen werden. Da fehlt doch die Nähe zum normalen Leben, die den gesunden Menschenverstand mit sich bringt.

Solange die Amtszeiten noch zu lang sind, besteht immer die Gefahr, dass Politiker unliebsame Entscheidungen am Anfang der Legislaturperiode durchsetzen und die folgende Empörung einfach aussitzen – in der Hoffnung, dass die Wähler ihren Ärger bis zur nächsten Wahl vergessen haben werden. Hier könnte der Ostrakismos die Möglichkeit zu schnelleren Reaktionen geben.

Wie gesagt, handelt es sich hierbei um Zukunftsmusik, aber in diese Richtung könnte die Entwicklung wohl gehen.

Jeder Mensch mag für sich entscheiden, ob oder in welcher Weise er oder sie der weiblich werdenden Welt entgegengehen will. Es mag den Gang der Dinge beschleunigen, wenn sie oder er es tut. Das Ergebnis wird in jedem Fall das gleiche sein: eine glücklichere Welt.

Literaturverzeichnis

Balliet, D., Li, N., Macfarlan, S., & Van Vugt, M. (2011). Sex Differences in Cooperation: A Meta-Analytic Review of Social Dilemmas. *Psychological Bulletin 137*, S. 881-909.

Baron-Cohen, S. (2004). *Vom ersten Tag an anders.* Ostfildern: Patmos.

Barth, M. (2020). *Happy Wife, Happy Life.* Frankfurt a.M.: S. Fischer Verlag.

Birkenbihl, V. F. (2023). *Männer / Frauen: Wie es dazu kam, dass alle Welt glaubt, Männer und Frauen seien gleich ... und weshalb das nicht stimmt!* Hamburg: Klarsicht-Verlag, DVD.

Birkenbihl, V. F., Neil, J., & Gerlach, P. (2005). *Positives Denken von A bis Z. So nutzen Sie die Kraft des Wortes um ihr Leben zu ändern, 3. Aufl.* München: mvg Verlag.

Bischof-Köhler, D. (2002). *Von Natur aus anders : die Psychologie der Geschlechtsunterschiede.* Stuttgart-Berlin-Köln: Kohlhammer.

Brizendine, L. (2008). *Das weibliche Gehirn: Warum Frauen anders sind als Männer* . München: Goldmann.

Brizendine, L. (2011). *Das männliche Gehirn: Warum Männer anders sind als Frauen.* München: Goldmann.

Carrier, D. (2007). The short legs of great apes: Evidence for aggressive behavior in Australopiths. *Evolution 61,* S. 596.

Carrier, D. (2011). The Advantage of Standing Up to Fight and the Evolution of Habitual Bipedalism in Hominins. *PLoS ONE 6(5): e19630.*

Christov-Moore, L., Simpson, E. A., Coudé, G., Grigaityte, K., Iacoboni, M., & Ferrari, P. F. (2014). Empathy: Gender effects in brain and behaviour. *Neuroscience and Biobehavioural Reviews 46,* S. 604-627.

Cline, E. (2015). *1177 v.Chr.: Der erste Untergang der Zivilisation.* Darmstadt: Konrad Theiss.

Copeland, S., Sponheimer, M., de Ruiter, D., Lee-Thorp, J., Codron, D., le Roux, P., . . . Richards, M. (2011). Strontium isotope evidence for landscape use by early hominins. *Nature 474,* S. 76-78.

d'Errico, F., & Nowell, A. (2000). A new look at the Berekhat-Ram figurine: implications for the origins of symbolism. *Cambridge Archaeological Journal 10*, S. 123-157.

Dezutter, J., Luyckx, K., Schaap-Jonker, H., Büssing, A., Corveleyn, J., & Hutsebaut, D. (2010). God image and happiness in chronic pain patients: The mediating role of desease interpretation. *Pain Medicine 11*, S. 765-773.

Eisenegger, C., Kumsta, R., Naef, M., Gromoll, J., & Heinrichs, M. (2017). Testosterone and androgen receptor gene polymorphism are associated with competitiveness and confidence in men. *Journal for Hormones and Behaviour 92*, S. 93-102.

Engels, F. (1884). *Der Ursprung der Familie, des Privateigenthums und des Staats. Im Anschluss an L.H. Morgans Forschungen.* Hottingen-Zürich: Schweizerische Genossenschaftsbuchdruckerei.

Evatt, C., & Zybak, M. (2005). *Männer sind vom Mars, Frauen von der Venus: Tausend und ein kleiner Unterschied zwischen den Geschlechtern.* München: Piper.

Fehlmann, M. (2011). *Die Rede vom Matriarchat. Zur Gebrauchsgeschichte eines Arguments.* Zürich: Chronos-Verlag.

Feyerabend, P. (1963). How to be a Good Empiricist. In B. Baumrin, *Philosphy of Science. The Dalaware Seminar. Vol.2* (S. 61-78). New York: Wiley.

Fischer, A. (2008). *FRAUEN - Eine Bedienungsanleitung, die selbst Männer verstehen.* Hannover: Humboldt.

Franke, W. (2014). *A Philosophy of the Unsyable.* Paris: University of Notre Dame Press.

Frerichs, P. (1997). *Klasse und Geschlecht, Bd.1. Arbeit. Macht. Anerkennung. Interessen. (Schriftenreihe Sozialstrukturanalyse, Bd.10).* Opladen: Leske+Budrich.

Freud, S. (1930). *Das Unbehagen in der Kultur.* Wien: Internationaler Psychoanalytischer Verlag.

Funke, D. (1993). *Der halbierte Gott. Die Folgen der Spaltung und die Sehnsucht nach Ganzheit.* München: Kösel.

Gerzema, J., & D'Antonio, M. (2013). *The Athena Doctrine: How Women (and the Men who Think Like Them) Will Rule the Future.* Hoboken: Jossey-Bass.

Gilligan, C. (1999). *Die andere Stimme. Lebenskonflikte und Moral der Frau.* München: Piper-Verlag.

Global.Traveller. (2015). *CogniFit Survey Says: Men Pack Better Than Women.* https://www.globaltravelerusa.com/c ognifit-survey-says-men-pack-better-than-women/, abgerufen am 11.7.2023.

Goodbody, A. (2008). Ökofeministische Debatte und ihre Präsenz in der Literatur. In A. Goodbody, & B. Wanning, *Wasser - Kultur - Ökologie* (S. 241). Göttingen: V&R unipress.

Gorski, R., Gordon, J., Shryne, J., & Southam, A. (1978). Evidence for a morphological sex difference within the medial preoptic area of the rat brain. *Brain Research 148*, S. 333-346.

Gough, K. (1973). *The Origin of Family.* Toronto: New Hogtown Press.

Gray, J. (1992). *Männer sind anders. Frauen auch. Männer sind vom Mars. Frauen von der Venus.* München: Goldmann.

Gysi, G. (2024). *Gregor Gysi fordert 48-Stunden-Plan zu einer Waffenruhe in der Ukraine.* https://www.spiegel.de/politik/deuts chland/gregor-gysi-fordert-48-stunden-plan-zu-einer-waffenruhe-in-der-ukraine-a-b3fed67d-716f-48ee-b8f2-bcd366f109e2: Spiegel-Spitzengespräch.

Halbwachs, M. (1991). *Das kollektive Gedächtnis.* Frankfurt/Main: Fischer.

Hashikawa, K., Hashikawa, Y., Lishinsky, J., & Lin, D. (2018). The Neural Mechanisms of Sexually Dimorphic Aggressive Behaviors. *Trends in Genetics 34*, S. 755-776.

Hassett, J. M., Siebert, E. R., & Wallen, K. (2008). Sex differences in rhesus monkey toy preferences parallel those of children. *Hormones and Behavior 54*, S. 359-364.

Hawking, S. (2015). Aggression could destroy us. Interview by N. Clark. *The Independent, Ausg. vom 19. Feb.*

Hoppeler, H., Lüthi, P., Claassen, H., Weibel, E., & Howald, H. (1973). The ultrastructure of the normal human sceletal muscle. A morphometric analysis on untrained men, women and well-trained orienteers. *Pflügers Archiv 344*, S. 217-232.

Huber, T., Almasy, C., & Gatterer, H. (2012). Female Shift: Die Zukunft ist weiblich.

In *Megatrend Dokumentation*. Frankfurt/ Main: Zukunftsinstitut.

Imdahl, I., & Steeger, J. (2022). *Warum Frauen die Welt retten werden und Männer dabei unerlässlich sind.* München: Komplett-Media.

Ingarhalikar, M., & et_al. (2014). *Sex differences in the structural connectome of the human brain.* Proceedings of the National Academy of Sciences of the United States of America, Band 111, S. 823.

Inglehart, R. (1995). *Kultureller Umbruch. Wertewandel in der westlichen Welt.* Frankfurt: Campus.

Jay, M. (2012). *The Virtues of Mendacity. On Lying in Politics.* Charlottesville: University of Virginia Press.

Jung, C. (2011). *Die Archetypen und das kollektive Unbewusste (Gesammelte Werke 9/1).* Ostfildern: Patmos.

Jung, C. G., Jung-Werker, L., & Rüf, E. (1995). *Gesammelte Werke.* Olten: Walter-Verlag.

Jussim, L. (2012). *Social perception and social reality: Why accuracy dominates bias and self-fulfilling prophecy.* New York: Oxford University Press.

Jussim, L., Crawford, J., Anglin, S. M., Chambers, J. R., Stevens, S. T., & Cohen, F. (2016). Stereotype accuracy: One of the largest and most replicable effects in all of social psychology. In T. Nelson, *Handbook of prejudice, stereotyping, and discrimination (second edition) (S. 31-63). New York: Psychology Press.* (S. 31-63). New York: Psychology Press.

Kahlenberg, S., & Wrangham, R. (2010). Sex differences in chimpanzees' use of sticks as play objects resemble those of children. *Current Biology 20,* S. R1067-R1068.

Kishon, E. (1989). *Unter zwei Augen. In Total verkabelt. Satirisches um Presse, Funk und Fernsehen.* München/ Wien: Langen-Müller.

Köhlmeier, M. (1996). *Sagen des klassischen Altertums, 33. Aufl.* München: Piper.

Kowalski, R. (2002). Was ist eigentlich "weiblich" an der Zukunft? *denkzettel 10/1,* S. 27.

Kuhn, T. S. (1976). *Die Struktur wissenschaftlicher Revolutionen, 2.Aufl.* Frankfurt/Main: Suhrkamp.

Lampert, C., & Herrmann, M. (2022). *Webseite: libellius.de/artikel/schicksalszwinger-warum-hufeisen-glueck-bringen-und-wie-man-sie-richtig-aufhaengt.*

Lendrem, B., Lendrem, D., Gray, A., & Isaacs, J. (10. Dec. 2014). The Darwin Awards: Sex Differences in Idiotic Behaviour. *British Medical Journal,* S. 349.

Levine, H., Jorgensen, N., Martino-Andrade, A., Mendiola, J., Weksler-Derri, D., Mindlis, I., . . . Swan, S. H. (2017). Temporal trends in sperm count: a systematic review and meta-regression analysis. *Human Reproduction Update 23,* S. 646-659.

Liegener, C.-M. (1994). Die Stellung der Cemie zur Physik - Symptome des Reduktionismus. In P. Janich, *Philosophische Perspektiven der Chemie* (S. 95-100). Mannheim: Bibliographisches Institut.

Liegener, C.-M. (2015). *Erbsünde und Erbdschuld. Vom Ursprung unseres existetnziellen Schuldbewusstseins.* Hamburg: Tredition.

Liegener, C.-M. (2015b). *Esau und der Hass Gottes. Von der Bibel zum Esau-Effekt.* Hamburg: Tredition.

Liegener, C.-M. (2016). *Wie wurde Jesus Gottes Sohn? Muttersöhne in der Bibel.* Essen: Die blaue Eule.

Liegener, C.-M. (2016b). *Der Muttersohn im Mythos.* Hamburg: Tredition.

Liegener, C.-M. (2017). *Warum die Welt weiblich wird. Ein Psychogramm der Menschheit.* Leipzig: Einbuch-Verlag.

Liegener, C.-M. (2017b). *Dritter Bubenreuther Literaturwettbewerb.* Hamburg: Tredition.

Liegener, C.-M. (2017c). *Kollektivpsychologische Ursachen des Populismus.* Norderstedt: GRIN-Verlag.

Liegener, C.-M. (2018). *Der Untergang der mykenischen Kultur.* München: Grin-Verlag.

Liegener, C.-M. (2019). *Machtlos gegen den Klimawandel.* Norderstedt: Books on Demand.

Liegener, C.-M. (2019b). *Weihnachten für alle. Vorbote einer weiblich werdenden Welt.* Norderstedt: Books on Demand.

Liegener, C.-M. (2020a). *Die Transgenderisierungen der Menschheit.* Norderstedt: Books on Demand.

Liegener, C.-M. (2020b). *Rückkehr zum Urvertrauen. Die Frage nach Gott in der weiblich werden-den Welt. Books on Demand, Norderstedt (2020).* Norderstedt: Books on Demand.

Liegener, C.-M. (2021). *Corona in der weiblich werdenden Welt.* Norderstedt: Books on Demand.

Liegener, C.-M. (24. August 2022). *Die Synthese des dialektischen Dreischritts – Ist der demokratische Sozialismus die Gesellschaftsform der Zukunft?* Von https://www.xn--untergrund-blttle-2qb.ch/politik/theorie/demokratischer-sozialismus-gesellschaftsform-der-zukunft-1906.html: 24.8.2022 abgerufen

Liegener, C.-M. (2024). Transgenderizations of the Collective Psyche of Humanity. *Preprints 2024, 2024021227. https://doi.org/10.20944/preprints202402.1227.v1.*

Liegener, C.-M., & Del Re, G. (1987a). Chemistry vs. physics, the reduction myth, and the unity of science. *Zeitschrift für allgemeine Wissenschaftstheorie 19,* S. 165-174.

Liegener, C.-M., & Del Re, G. (1987b). The relation of chemistry to other fields of science: atomism, reductionism, and inversion of reduction. *Epistemiologia 10*, S. 269-284.

Lindenfors, P. (2005). Neocortex evolution in primates: the 'social brain' is for females. *Biol. Lett. 1*, S. 407-410.

Lunz, K. (2022). *Die Zukunft der Außenpolitik ist feministisch – Wie globale Krisen gelöst werden müssen. 2.Aufl.* Berlin: Ullstein Verlag (Econ).

Masson, R. (2003). *Anekdoten um berühmte Menschen.* Klagenfurt: Neuer Kaiser-Verlag.

Mayerowitz, S. (2010). Male Drivers Lost Longer Than Women, Oct.26. *ABC News.*

McCarthy, M. (2009). The epigenetics of sex differences in the brain. *J. Neurosci. 29*, S. 12815-12823.

Meyer, C., Lohr, C., Gronenborn, D., & Alt, K. (2015). The massacre mass-grave of Schöneck-Kilianstädten reveals new insights into collective violence in Early Neolithic Central Europe. *Proceedings of the National Academy of Sciences of the USA 112.*, S. 11217-11222.

Morgan, L. (1877). *Ancient Society, or Researches in the Line of Human Progress from Savagery, through Barbarism to Civilization*. London: Macmillan and Co.

Nieto, G., Mercadillo, R., Pasaye, E., & Barrios, F. (2022). Affective and cognitive brain-networks are differently integrated in women and men while experiencing compassion. *Frontiers in Psychology 13*, S. 1-12.

Nisbett, R., Aronson, J., Blair, C., Dickens, W., Flynn, J., Halpern, D., & Turkheimer, E. (2012). Intelligence: New findings and theoretical developments. *American Psychologist 67*, S. 130-159.

Nunner-Winkler, G. (1994). Eine weibliche Moral? Differenz als Ressource im Verteilungskampf. *Zeitschrift für Soziologie 23*, S. 417-433.

Otten, D. (2000). *Männerversagen: Über das Verhältnis der Geschlechter im 21. Jahrhundert*. Bergisch Gladbach: Gustav-Lübbe-Verlag.

Pease, A., & Pease, B. (2000). *Warum Männer nicht zuhören und Frauen schlecht einparken*. München: Ullstein.

Pease, A., & Pease, B. (2002). *Warum Männer lügen und Frauen immer Schuhe kaufen.* Berlin: Ullstein.

Pease, A., & Pease, B. (2011). *Warum Männer immer Sex wollen und Frauen von der Liebe träumen.* Berlin: Ullstein.

Pease, A., & Pease, B. (2012). *Warum Männer sich Socken wünschen und Frauen alles umtauschen: Der Survival-Guide für Weihnachten.* Berlin: Ullstein.

Pilgrim, V. (1993). *Muttersöhne.* Düsseldorf: Claassen.

Pinker, S. (2008). *Das Geschlechter-Paradox: Über begabte Mädchen, schwierige Jungs und den wahren Unterschied zwischen Männern und Frauen.* München: Deutsch Verlags-Anstalt.

Primas, H. (1981). *Chemistry, Quantum Mechanics and Reductionism.* Berlin, Heidelberg, New York: Springer.

Regan, P., & Paskeviciute, A. (2003). Woman's Access to Politics and Peaceful States. *Journal of Peace Research 40,* S. 287-302.

Sadigh, P. (2015). Die Welt wird weiblicher. *Zeit online,* Ausgabe vom 13. Okt.

Schwarz, G. (2007). *Die "Heilige Ordnung" der Männer: Hierarchie, Gruppendynamik und die neue Rolle der Frauen. 5. Aufl.* Wiesbaden: VS Verlag für Sozialwissenschaften.

Shapiro, J. (1992). *Männer sind wie fremde Länder. Verständigungshilfen für Frauen.* Frankfurt/Main: Wolfgang-Krüger-Verlag.

Suwa, G., Kono, R. T., Simpson, S., Asfaw, B., Lovejoy, C. O., & White, T. D. (2009). Paleobiological implications of the Ardipithecus ramidus dentition. *Science 326,* S. 69.

Tannen, D. (1993). *Du kannst mich einfach nicht verstehen: Warum Männer und Frauen aneinander vorbeireden.* München: Goldmann.

Theweleit, K. (2019). Männer tragen eine 12000 Jahre alte Gewaltgeschichte im Körper. Äußerung in einem Interview, geführt von J.S Basad. *Neue Zürcher Zeitung vom 30.11.2019,* S. 40.

van Eijk, N. (2000). *Außerirdische im amerikanischen Sciencefiction-Film. Dissertation.* Mainz: Universität.

van Vugt, M. (2006). Gender Differences in Cooperation and Competition: The Male-Warrior Hypothesis. *Psychological Science 18*, S. 19-23.

Vanhaeren, M., d'Errico, F., Stringer, C., James, S. L., Todd, J. L., & Mienis, H. K. (2006). Middle Palaeolithic Shell Beads in Israel and Algeria. *Science 312*, S. 1785.

Voland, E., & Johow, J. (8. Mai 2012). Geschlecht und Geschlechterrolle: Soziobiologische Aspekte. *Aus Politik und Zeitgeschichte: Geschlechtsidentität. Bundeszentrale für politische Bildung*.

White, T., Asfaw, B., Beyene, Y., Haile-Selassie, Y., Lovejoy, C., Suwa, G., & Woldegabriel, G. (2009). Ardipithecus ramidus and the Paleobiology of Early Hominids. *Science 326*, S. 64-86.

Wickler, W., & Seibt, U. (1998). *Männlich - Weiblich. Ein Naturgesetz und seine Folgen.* Heidelberg: Spektrum - Akademischer Verlag.

Wilson, M., & Daly, M. (1985). Competitiveness, Risk Taking, and Violence: The Young Male Syndrom. *Ethology and Sociobiology 6*, S. 59-73.